AF555257

LONDRES

AU DIX-NEUVIÈME SIÈCLE,

OU

L'ÉCOLE DU SCANDALE,

COMÉDIE EN CINQ ACTES, EN PROSE,

LIBREMENT TRADUITE, ET EN PARTIE IMITÉE DE SHERIDAN,

Sans changement dans l'intrigue, les caractères et la contexture des scènes;

PAR A. H. CHATEAUNEUF,

REPRÉSENTÉE AU THÉATRE DE VERSAILLES LE 10 AOUT 1824.

> J'ai vu ce tableau sur la scène anglaise; je l'ai copié après avoir examiné, pendant des années, la ressemblance des portraits avec les originaux.

PARIS,
CHEZ A. LEROUX, ÉDITEUR, PALAIS-ROYAL,
Galerie de Bois, N° 202.

1824.

Se trouve aussi chez SALLIOR, *Libraire, rue de la Paroisse, à Versailles.*

LONDRES

AU DIX-NEUVIÈME SIÈCLE,

OU

L'ÉCOLE DU SCANDALE,

COMÉDIE EN CINQ ACTES, EN PROSE,

LIBREMENT TRADUITE, ET EN PARTIE IMITÉE DE SHERIDAN,

Sans changement dans l'intrigue, les caractères et la contexture des scènes;

PAR A. H. CHATEAUNEUF,

REPRÉSENTÉE AU THÉATRE DE VERSAILLES LE 10 AOUT 1824.

J'ai vu ce tableau sur la scène anglaise; je l'ai copié après avoir examiné, pendant des années, la ressemblance des portraits avec les originaux.

PARIS,
CHEZ A. LEROUX, ÉDITEUR, PALAIS-ROYAL,
Galerie de Bois, N° 202.

1824.

L'École du Scandale n'ayant pas encore été représentée à Paris, elle n'est pas dans le domaine de MM. les directeurs des théâtres. Ceux qui voudront la jouer peuvent s'adresser à l'auteur pour traiter avec lui de gré à gré, ou à M. Marcellin, agent dramatique, rue du Bouloy, n. 4.

IMP. DE CARPENTIER-MÉRICOURT,
rue de Grenelle St.-Honoré, n. 59.

AVANT-PROPOS.

En offrant sur notre scène une comédie avec *des mœurs anglaises peintes par un Anglais*, à la place des caricatures bouffonnes qu'on a vues dans tant de pièces, on n'a aspiré qu'au faible mérite qu'on refuse rarement à de nouveaux essais.

L'unité du lieu n'est pas observé dans l'Ecole du Scandale : nous avouons sans peine que c'est une imperfection. Il y a plus de difficulté à vaincre chez nous, mais peut-être notre plaisir au théâtre est-il moins varié et moins grand.

Des critiques, d'un goût pur comme nos modèles, craignent que le succès d'un ouvrage étranger ne soit le signal du mépris des règles imposées au génie, sans que ces régles l'empêchent de s'élever. Que ces critiques se rassurent! le goût français fut fixé par Corneille et Molière, comme un autre goût l'est chez nos voisins par Shakespeare et Congrève.

Boileau ne leur aurait pas pardonné, sans doute, d'avoir négligé l'unité de lieu, tant recommandée par Aristote; mais aprés les avoir blâmés dans une satire, eût-il été moins curieux de voir une de leurs comédies sur la scène, sans savoir un mot d'anglais, et, au préalable, avoir pris la peine de passer le détroit de Calais?

Quand nous vîmes jouer, à Paris, *le Tartuffe de Mœurs*, par Chéron, nous nous attendions à trouver une imitation plus fidèle du chef-d'œuvre de Shéridan, et ce comique qui nous avait fait rire, à Londres, *depuis la première scène jusqu'à la dernière*. Ce n'est pas que Chéron soit inférieur à l'auteur anglais dans les deux actes qu'il a empruntés. Il a même le mérite d'avoir mis en vers ce qui n'est qu'en prose dans l'original; mais dans les trois actes qui sont de son invention, il a sacrifié son modèle aux convenances qu'on exige au *premier Théâtre-Français*; convenances qui seront *la mort du comique*, si le public et les arbitres du goût moderne n'y prennent garde. C'est le mari et l'épouse infidèle qui dominent dans Shéridan, Surface n'est que le troisième personnage : dans Chéron, ce Tartuffe est la première figure du tableau, il est même beaucoup plus sérieux que dans la pièce anglaise. Dans l'examen du *Tartuffe de Mœurs* et de *School for Scandal*, nous continuerons plus tard le parallèle (1).

Les Anglais prétendent que Shéridan a autant de profondeur dans ses caractères, avec plus d'invention dans l'intrigue que Molière..... La première phrase est vraie, la seconde n'est qu'un blasphême!..... Ce qui nous frappa dans *l'École du Scandale*, ce fut le ton du grand monde; Shéridan l'introduisit le premier sur la scène anglaise. Dans plusieurs tirades, son style est celui du *Méchant*, et il a *l'humour* que Gresset n'avait pas. On sait que les Anglais entendent par ce mot *le comique par excellence*. Il nous parut que nos meilleures comédies n'avaient que deux avantages sur *the School for Scandal*; c'est d'être écrites en vers et assujeties au trois unités. Mais les Anglais n'aiment que les comédies en prose, et regardent l'unité de lieu comme un obstacle à la fécondité du génie.

Farquhar, qui est à Congréve ce que Regnard est à Molière, prétend que, si à peine sorti de sa maison on se persuade qu'on est transporté à Athènes au lever du rideau, on peut se faire la même illusion à chaque acte, même à chaque scène. Cet auteur comique nous apprend quelque chose de plus étrange, c'est le sort qu'ont éprouvé les pièces où l'on observe les régles; elles ne furent jamais goûtées du public.

En effet, il n'est resté sur ce théâtre, envahi pour toujours par Shakespeare et ses imitateurs, que deux tragédies régulières : l'*Andromaque* de Racine, traduite vers pour vers par Philipps, et le *Caton* d'Adisson. L'*Avare* de Molière, plus qu'imité par Fielding, ne s'y

[1] Dans la *Correspondance dramatique* entre Paris et Londres.

est par soutenu. On vient de réduire ce chef-d'œuvre à trois actes forts courts. Nous l'avons vu jouer, comme *petite pièce*, aprés les *Commères de Windsor*, comédie *à changemens* de Shakespeare, qui ne vaut pas beaucoup mieux que le *Jodelet* de Scarron.

Les Anglais, affranchis des unités, s'applaudissent de pouvoir faire une pièce en cinq actes, là où les Français ne trouvent qu'une scène. Ils traitent cent sujets pour un seul qui nous convient. Ils *reconnaissent* deux littératures, *la germanique*, qu'ils ont adoptée, et *la grecque*, dont les Français, disent-ils, ont hérité. Ils ne prétendent pas avoir le meilleur goût, mais être plus prés de la nature.

On traduisit cette comédie à Londres, sous les yeux de M. Shéridan. On lui proposa de mettre plus de régularité dans les scènes ; il répondit : « Leur contexture est telle que vous gâtez tout si vous la dérangez. Nous avons porté sur nos théâtres deux cents pièces régulières de votre nation. Les Français, qui sont si polis, ne peuvent-ils pas risquer une seule comédie irrégulière des Anglais ? »

Des deux chefs-d'œuvre de Shéridan, *le Scandale*, qu'on nomme improprement l'*École de la Médisance*, est le seul qui soit connu par l'imitation heureuse, mais incomplète, de Chéron. Les *Rivaux*, égale, pour la gaîté, aux meilleures pièces de Regnard, supérieure peut-être par les caractères, vient d'être arrangée pour la scène française. Si un de nos grands théâtres voulait montrer un tableau fidèle des mœurs du grande monde dans une capitale presqu'une fois plus grande et plus peuplée que Paris, et l'art des Anglais dans la comédie, il pourrait accueillir les *Rivaux*, par une exception unique en faveur de Shéridan, sans que cette faveur *tirât à conséquence* pour d'autres ouvrages ou la première régle d'Aristote ne serait pas observée.

Les auteurs anglais placent le nom des personnages à côté du dialogue, et dès le second couplet ils l'abrégent ; c'est une grande économie de papier, mais comme elle nuit à la grâce de l'impression, on s'est conformé à l'usage français.

Les scènes ne sont pas marquées, chez eux, par l'entrée ou la sortie d'un acteur. Ils écrivent simplement :

(UN TEL PERSONNAGE ENTRE, SORT)[1].

Suivant eux, scène signifie lieu, site : s'il n'y a pas changement de décoration dans l'acte, l'acte n'a qu'une scène.

On a arrangé ces scènes étrangères comme dans nos comédies, mais on a violé l'unité du lieu, comme Shéridan l'a fait pour ne pas bouleverser son ouvrage, et montrer aux habitans de Versailles et de Paris ce qu'ils n'ont vu que dans les livres.

J'ai remarqué la surprise des spectateurs au second acte; il y a trois changemens de scène. Il m'a paru qu'au bout d'un quart-d'heure, en s'intéressant, en s'amusant l'esprit et les yeux s'y étaient accoutumés.

L'épreuve a été faite en province. Sera-t-elle aussi heureuse à Paris? Un critique a répondu : « Oui, si l'on s'y amuse. »

On a prétendu que le titre de cette comédie, avait suffi pour exciter une curiosité très-vive. Mais la seconde représentation a été encore plus suivie. C'était, au cœur de l'été, la même affluence que dans ces jours très-rares où mademoiselle Mars et Talma jouent sur le théâtre de Versailles.

Ce n'est pas par esprit d'opposition, que j'imprime des passages que la censure a supprimés. On ne doit rien enlever à l'original, dans une traduction DESTINÉE A LA LECTURE.

J'impose aux acteurs, la condition d'omettre ces

[1] On peut en avoir un exemple dans la comédie de *John Bull*; 2 fr. chez A. Leroux, au Palais-Royal.

passages, à moins qu'une décision nouvelle de la censure ne les autorise ; car elle a permis ou défendu selon les circonstances et les auteurs. Par exemple, on m'a interdit *John Bull*, il y a trois ans, et on l'a toléré au théâtre du Vaudeville ; on a rayé dans *l'Ecole du Scandale*, ce qu'on a permis dans *le Tartuffe de Mœurs*.

MM. les directeurs doivent prévenir dans l'affiche que, le premier acte excepté, l'unité de lieu n'est pas observée dans cette comédie. C'est une infraction contre les règles, qu'on trouve dans presque tous les Théâtres du Nord. Il ne s'agit pas de la justifier, mais de l'avouer. Heureux si le plaisir la faisait pardonner ! L'aveu du moins pourra diminuer la surprise aux yeux des spectateurs français, qui ont hérité des règles, comme du goût des Grecs et des Romains.

En 1819, dans l'année théâtrale qui n'est, chez les Anglais, que de neuf mois, je vis représenter trente-deux fois *the School for Scandal*, au grand théâtre de Covent Garden. Cette comédie est ancienne ; Farren, le premier comique de l'Europe, y parut aussi supérieur que Garrick. Les chefs-d'œuvre dramatiques, lus, aujourd'hui, de tout le monde et même sus par cœur, sont devenus trop communs. Ils ont besoin partout de grands acteurs pour les faire valoir. La France en offre un exemple dans Talma, mesdemoiselles Mars, George, et Duchesnois. Le rôle du Baronnet était joué par Farren, de milady Teazle par miss O'Neill, de Surface par Young, de Charles par Kemble, de sir Olivier par Blanchard, du Juif par Emery, de milady Snirwell par madame Guibs et de Maria par miss Foot. C'était un ensemble parfait, digne de la comédie française, même au temps de Préville, de mademoiselle Joly et de mademoiselle Contat.

PERSONNAGES.

TIZLÉ BARONNET (cinquante ans).
MILADI TIZLÉ (dix-huit ans).
JOSEPH SURFACE. } Ses anciens pupilles.
CHARLES SURFACE. }
SIR OLIVIER SURFACE, leur oncle.
MARIA, encore pupille de Tizlé.
MILADY, riche veuve, amoureuse de Charles (*railleuse*).
MISTRISS CANDOR (*médisante*).
GUEP, agent d'intrigue (*libelliste*).
CRAB (*méchant*).
BAKBITE, neveu de Crab (*satirique*.
MOISE, juif (*courtier d'usure*).
ROWLEY, ancien intendant du père de Joseph et de Charles.
CARLE, ami de Charles.
TRIP, valet de Charles Surface.
DOMESTIQUES, femmes de chambre.

La scène est à Londres.

LONDRES

AU DIX-NEUVIÈME SIÈCLE,

OU

L'ÉCOLE DU SCANDALE.

ACTE PREMIER.

SCÈNE PREMIÈRE.

Le Théâtre représente un salon de la maison de Milady Snirwell.

MILADY SNIRWELL, GUEP, *assis devant une table à thé*

MILADY SNIRWELL.

Monsieur Guep !

GUEP.

Milady ?

MILADY SNIRWELL.

Mes diatribes, dites-vous, sont dans la Gazette ?

GUEP.

Oui, madame, et comme je contrefis mon écriture en les copiant on ne peut soupçonner d'où elles viennent.

MILADY.

Quel est ce manuscrit, M. Guep ?

GUEP, tirant de sa poche un rouleau énorme.

Tout mon travail de la semaine.

MILADY le déploie et lit.

« Critiques, éloges, nouvelles. »

GUEP.

Auteurs, libraires, comédiens, tous payent la louange.

MILADY.

Et les satires?

GUEP.

Et mon silence.... je le vends encore plus cher.

MILADY.

Faites vous circuler l'intrigue du jeune Surface et de Milady Tizlé?

GUEP.

C'est en aussi bon train, Milady, que vous pouvez le désirer. Cela viendra aux oreilles de Mistriss Claket en vingt-quatre heures; et alors, vous le savez, l'affaire est faite.

MILADY.

Mais Mistriss Claket a du talent, beaucoup d'habileté.

GUEP.

Elle a eu quelques petits succès dans son temps; à ma connaissance, elle a fait rompre quatre mariages, déshériter cinq fils, claquemurer six femmes, causé onze séparations, et fait réussir dix-neuf enlèvemens.

MILADY.

Femme hardie, mais l'air le plus commun.

GUEP.

Il lui faudrait la finesse et la grâce de Milady.

MILADY.

Vous me flattez, monsieur Guep.

GUEP.

Tout le monde convient que vous pouvez plus d'un mot, d'un coup-d'œil, que tant d'autres avec les mensonges les plus travaillés, lors même qu'il leur arrive d'avoir un peu de vérité pour appui.

MILADY.

Je ne nierai point, mon cher Guep, le plaisir que me fait le succès de mes plans (*ils se lèvent tous deux*). Blessée très-jeune par la calomnie, je ne connais pas de plus grand bonheur que de réduire les autres femmes au niveau de la réputation qu'on m'a faite.

GUEP

Au point important, Milady. Dans une affaire où vous daignez m'employer, je n'ai pu deviner les motifs....

MILADY.

Ah! les deux frères Surface?

GUEP.

L'aîné aimable, vertueux; le cadet prodigue, extravagant. Le premier adorateur de vos charmes, le second épris de la pupille du baronnet. Je ne m'explique pas comment, veuve d'un chevalier [1], avec une grande fortune, vous n'en finissez pas tout d'un coup avec la passion d'un homme du mérite de M. Surface. Pourquoi cette ardeur à détruire l'attachement mutuel de son frère et de la pupille?

MILADY.

Pour révéler d'un seul mot ce mystère, Surface aime la pupille; je ne suis qu'un voile à ses desseins.

GUEP avec surprise.

L'intermédiaire! . . . .

MILADY avec finesse.

N'avez-vous pu soupçonner quelque faiblesse, que la honte m'oblige à cacher, même à vous? l'avouerai-je? Charles son frère perdu de dettes et de réputation.... C'est pour lui que vous me voyez ainsi tourmentée.

GUEP.

Ce n'est plus une énigme.

MILADY.

L'aîné préconise les grands sentimens; mais je le connais.

[1] C'est un anobli. Le roi d'Angleterre donne le titre de chevalier (Knight) à un Shérif ou à un Alderman (espèce d'échevin), quand il est content d'eux.

Il est artificieux et méchant : espèce de sentimental fripon, qui passe pour un miracle de vertu.

GUEP.

Je sais que le baronnet jure ses grands dieux que Surface n'a pas son pareil dans le monde.

MILADY.

C'est par ce prestige que Surface l'a séduit, pendant que son frère n'a pas un ami dans la maison.

SCÈNE II.

LES PRÉCÉDENS, UN DOMESTIQUE, SURFACE.

LE DOMESTIQUE.

Monsieur Surface, Madame.

MILADY.

Faites entrer. (*Le domestique sort.*) C'est l'heure de sa visite ; je ne suis pas surprise qu'on me le donne pour amant.

SURFACE, entrant.

Bonjour, milady. Monsieur Guep (*il le salue avec dédain.*)

MILADY.

Guep plaisantait sur mon penchant pour vous, mais j'ai avoué nos vues réelles. Je n'ai pas besoin de vous dire combien il nous a été utile. Et croyez moi, la confiance n'a pas été mal placée.

J. SURFACE.

Il m'est impossible de soupçonner un homme d'un mérite accompli comme M. Guep.

MILADY.

Point de complimens. Dites-moi, avez-vous vu Maria, et ce qui est plus important pour nous, votre frère ?

J. SURFACE.

J'ai appris qu'ils ne se voyaient plus. Quelques-unes de vos histoires ont produit un excellent effet.

MILADY.

L'honneur vous en est dû, mon cher Guep; mais le malheur de votre frère va-t-il toujours croissant?

J. SURFACE.

On m'a parlé d'une saisie qu'on fit hier dans sa maison; sa prodigalité passe tout ce qu'on a jamais entendu.

MILADY.

Pauvre Charles!

J. SURFACE.

Pauvre Charles, en effet! malgré ses folies, on ne peut s'empêcher de le plaindre. Je voudrais qu'il fût en mon pouvoir de lui rendre quelqu'important service; car l'homme qui ne sent rien pour les malheurs d'un frère, quoiqu'il se les soit attirés, mérite...

MILADY.

Ne voilà-t-il pas que vous allez être moral, et oublier que vous êtes avec des amis!

J. SURFACE.

Ma foi, j'allais... Ah! ah! ah! ah! Je garderai le sentiment jusqu'à ce que je voie le baronnet... Au surplus, ce sera généreux à vous de délivrer Maria de ce libertin de Charles. S'il y a quelque espoir de réforme, c'est par une personne comme vous, d'un jugement....

GUEP.

Je crois, Milady, qu'il vous arrive du monde. Je vais copier vos lettres anonymes, Monsieur Surface! (*Il le salue.*) (*Joseph lui fait, d'un air ironique, une révérence profonde.*)

SCÈNE III.

MILADY SNIRWELL, JOSEPH SURFACE.

J. SURFACE.

Je m'étonne, Milady, que vous vous soyez fiée à ce fripon!

MILADY.

Pourquoi ?

J. SURFACE.

J'ai découvert qu'il avait eu dernièrement plusieurs entrevues avec Rowley, l'ancien intendant de mon père. Gucp et moi nous ne fûmes jamais amis. S'il n'était que libelliste, tour à tour payé et puni par ceux qui l'emploient! Savez-vous qu'ils l'ont flétri du nom de délateur, depuis qu'ils n'ont plus besoin de ses services ?

MILADY.

Pensez-vous qu'il voulût nous trahir ?

J. SURFACE.

Ce ne serait pas sans vraisemblance. Croyez-moi, le drôle n'a pas assez de vertu pour être un fripon fidèle.

SCÈNE IV.

LES PRÉCÉDENS, MARIA.

MILADY, à Maria qui entre.

Ah! Maria, ma chère, comment vous portez-vous?.. Qu'est-ce donc ?

MARIA.

Rien, Madame... Cet odieux Backbite, et son oncle Crab viennent d'arriver chez mon tuteur. J'ai saisi un instant favorable pour me dérober à cette foule importune, et je viens chez vous, Madame.

J. SURFACE.

Si mon frère eût été avec eux, vous n'auriez pas été si alarmée.

MILADY.

C'est être trop sévère : la vérité est que Maria a su que vous étiez chez moi. Mais, Maria, que reprochez-vous à Backbite pour l'éviter ainsi ?

MARIA.

Ah! Madame, il ne m'a rien fait : mais sa conversation est une perpétuelle satire sur tout ce qu'il connait.

J. SURFACE.

Et le pis, c'est que ce ne soit pas un avantage de n'être pas connu de lui ; car il dirait du mal d'un étranger, tout comme si c'était son meilleur ami.

MARIA.

J'avoue que je n'aï plus d'estime pour l'esprit, s'il est joint à la méchanceté.

MILADY.

Bon! il est impossible d'être spirituel sans un peu de malice. La méchanceté, dans un bon mot, est la pointe acérée qui fait que le trait reste. Votre opinion, Monsieur Surface?

J. SURFACE.

Mais, partout où il n'y a pas de raillerie, la conversation, naturellement, doit être insipide.

MARIA.

Nous avons, entre femmes, l'orgueil, l'envie, la rivalité, mille autres motifs pour nous déprécier : mais l'homme!...... s'il dénigre les femmes, c'est à la fois malice et lâcheté.

SCENE V.

LES PRÉCÉDENS, UN DOMESTIQUE.

LE DOMESTIQUE.

Madame, mistriss Candor renverra sa voiture, si vous pouvez la recevoir.

MILADY.

Faites monter. (*Le domestique sort*).

SCENE VI.

MILADY SNIRWELL, MARIA, JOSEPH SURFACE.

MILADY.

Maria, voici une femme comme vous les aimez. Quoique mistriss Candor soit un peu parleuse, tout le monde avoue que c'est la meilleure espèce...

MARIA.

Avec son ton affectueux de bonté, elle fait plus de mal que la franche malice de Crab.

J. SURFACE.

C'est très-vrai, au moins. Chaque fois que j'entends le torrent de la calomnie gronder contre mes amis, je ne les crois jamais en plus grand danger que lorsque mistriss Candor prend leur défense.

MILADY.

Chut, chut, la voilà.

SCENE VII.

LES PRÉCÉDENS, MISTRISS CANDOR.

MISTRISS CANDOR.

Ah! ma chère milady Snirwell! M. Surface! (*Elle salue*). Point de nouvelles?... Non, rien de bon, je suppose. De la médisance, rien que de la médisance? Ah! Maria!... Comment vous portez-vous, mon enfant? Tout approche-t-il de sa fin entre Charles et vous? Est-il trop extravagant? La ville ne parle pas d'autre chose.

MARIA.

Je suis fâchée, madame, que la ville...

MISTRISS CANDOR.

Et moi aussi; mais que faire : on ne peut arrêter les langues.

On se dit aussi à l'oreille que votre tuteur et sa femme ne vivent plus d'un accord si parfait.

MARIA.

Je suis sûre que ces bruits sont faux.

MISTRISS CANDOR.

Ainsi va le monde. C'est comme l'affaire de milady Brillant et du colonel Coterie, quoique leur aventure ne soit pas encore bien éclaircie. Ce n'est que d'hier que miss Pincé m'a assuré que milord Philémon et sa moitié, après deux mois d'hymen, étaient devenus simplement mari et femme, comme le reste de leurs connaissances. Elle m'a dit aussi, en confidence, que certaine veuve, là, dans la rue voisine, cette Artémise....

J. SURFACE.

Ces inventions me surprennent toujours.

MISTRISS CANDOR.

Comment voulez-vous arrêter les langues ? Ce n'est encore qu'hier que mistriss Claket m'apprit que notre ancienne amie, miss Prudeley, partait pour se faire enlever, juste au moment où son tuteur la surprit montant dans la diligence avec son maître à danser. J'ai su encore que milord Monrose avait accusé sa femme dans les journaux.

J. SURFACE.

Procès conjugal ! Ce scandale vous amusera, mesdames.

MISTRISS CANDOR.

Eh bien ! j'affirmerais qu'il n'y a pas un mot de vrai dans ces histoires, et je ne voudrais pas y donner cours pour tout l'or du monde....

J. SURFACE (ironiquement).

Non, non.

MISTRISS CANDOR.

Les colporteurs d'histoires ne valent pas mieux que les inventeurs.

SCÈNE VIII.

LES PRÉCÉDENS, UN DOMESTIQUE.

LE DOMESTIQUE.

M. Backbite et M. Crab. (*le domestique sort.*)

SCÈNE IX.

MISTRISS CANDOR, MILADY SNIRWELL, J. SURFACE, M. BACKBITE, M. CRAB, MARIA.

CRAB.

Je crois, mesdames, que vous ne connaissez pas mon neveu Backbite; il a du goût pour les vers.

BACKBITE.

Oh! mon oncle, de grâce....

MILADY.

Je suis surprise, M. Backbite, de ne vous voir jamais rien publier.

M. BACKBITE.

C'est une chose bien vulgaire, aujourd'hui, que d'imprimer.... Comme mes petits vers sont principalement des satires et des épigrammes sur les personnes, je trouve qu'elles circulent mieux en donnant des copies en confidence à leurs amis.

M. CRAB.

A propos, j'oubliais la nouvelle : l'opulente Lovely va épouser son maître de piano [1].

MISTRISS CANDOR.

Impossible!

M. CRAB.

Et l'on ajoute qu'il y a de fortes raisons pour cela.

[1] Il y a dans l'original : « son laquais »; le parterre anglais entend cette plaisanterie, sans en être offensé pour les dames.

BACKBITE.

J'en savais quelque chose.

MILADY.

Oh! cela ne peut être; je m'étonne qu'on fasse courir un tel bruit sur une demoiselle si prudente.

CRAB.

Et voilà pourquoi c'est cru tout d'un coup. Elle fut toujours si réservée, qu'on pensait qu'il y avait quelque mystère là-dessous.

MISTRISS CANDOR.

Ne voyons-nous pas tous les jours des réputations bien malades survivre à la robuste renommée de ces prudes.

M. BACKBITE.

Il en est des valétudinaires en réputation comme des petites santés : elles ne s'exposent jamais, et elles suppléent à la force par le régime.... (*Apercevant M. Surface.*) Ah! M. Surface! on dit que votre oncle est attendu : mauvaise nouvelle pour votre frère.

J. SURFACE.

J'espère que personne n'aura été assez officieux pour prévenir son oncle contre lui. Charles peut se réformer.

M. BACKBITE.

Je n'ai jamais cru qu'il fût aussi dénué de principes qu'on le dit.... Quoiqu'il n'ait plus d'amis, on assure que personne n'est en si grande estime parmi les usuriers.

MARIA (à part).

Leur méchanceté est insupportable. (*Haut.*) Milady Snirwel, je vous souhaite le bonjour. Je ne suis pas très-bien.

(*Elle sort.*)

MISTRISS CANDOR.

Elle change tous les jours.

MILADY.

Suivez-la, mistriss Candor.

MISTRISS CANDOR.

Pauvre fille ! Qui sait la position où elle se trouve.

(*Elle sort.*)

SCÈNE X.

LES PRÉCÉDENS, EXCEPTÉ MARIA ET MISTRISS CANDOR.

MILADY SNIRWELL.

Ce n'est rien du tout.... Le chagrin d'entendre mal parler de Charles, malgré sa brouillerie.

M. BACKBITE.

Le penchant de la jeune demoiselle est visible.

M. CRAB.

Ne vous découragez pas, mon neveu; lisez-lui vos odes, ou chantez-lui vos vaudevilles; j'appuierai.

M. BACKBITE.

M. Surface, sans offense, votre frère est un homme perdu.

M. CRAB.

Jamais rien de pareil ne s'est vu; il ne trouverait pas une guinée.

M. BACKBITE.

Tout son mobilier, dit-on, est vendu.

M. CRAB.

Excepté de vieux tableaux, parce qu'ils sont incrustés dans le mur.

M. BACKBITE.

Je suis fâché d'avoir appris tant de vilaines histoires.

M. CRAB.

Il a fait des choses peu délicates, c'est certain.

M. BACKBITE.

Mais il est votre frère.

M. CRAB.

Oui, oui, comme il l'est malheureusement, nous n'en dirons pas davantage jusqu'à une autre fois.

(*Crab et Backbite sortent.*)

SCÈNE XI.

MILADY SNIRWELL, J. SURFACE.

MILADY.

Il est dur pour ces Messieurs d'abandonner un sujet qu'ils n'ont pas épuisé.

J. SURFACE.

Ces sarcasmes ne vous étaient pas plus agréables qu'à Maria.

MILADY.

Je soupçonne que sa tendresse est engagée plus loin que nous ne pensons. Mais tous les Tizlé et la pupille dînent chez moi. Restez; c'est une occasion de les observer de plus près. Je vais arranger mon plan pendant que vous lirez dans ma bibliothèque. Mais déjà le baronnet!

J. SURFACE.

Sans milady!

MILADY.

Il est rêveur. Il gronde entre ses dents.

J. SURFACE.

Fuyons.

MILADY.

C'est assez de l'avoir à dîner. (*Ils sortent*).

UNE FEMME DE CHAMBRE.

Milady est à sa toilette: elle vous prie de l'excuser.

TIZLÉ, sèchement.

J'attendrai. (*Il s'assied, s'agite et se lève.*)

SCÈNE XII.

TIZLÉ, seul.

Lorsqu'un vieux garçon épouse une jeune fille, à quoi doit-il s'attendre?.... Voilà bientôt sept mois que milady Tizlé me rendit le plus heureux mortel, et je fus depuis le plus infortuné mari! Nous n'étions pas d'accord en allant à l'église; nous querellâmes au retour.

Le premier mois d'hymen, pendant ce mois si doux
Nommé lune de miel par nos amans époux,

que de fois je faillis à étouffer par la bile! Et cependant quelle prudence dans mon choix! Une fille élevée dans les champs, ne connaissant de luxe qu'une robe de soie, d'amusement que le bal annuel du village..... Aujourd'hui elle se mêle à toutes les extravagances de la ville avec la même grâce que si elle était née à la cour. Elle dissipe ma fortune, et contrarie toutes mes volontés. Et le pis c'est de ne pas savoir si je ne l'aime pas encore; autrement pourrais-je supporter?.... Mais me voilà résolu à ne pas lui faire connaître.... Ah! Rowley! êtes-vous de la partie?

SCÈNE XIII.

TIZLÉ, ROWLEY.

ROWLEY.

Oui, baronnet. Mais comment vous trouvez-vous aujourd'hui?

TIZLÉ.

Très-mal, M. Rowley, très-mal.

ROWLEY.

Qu'est-il arrivé depuis hier qui vous inquiète?

TIZLÉ.

Belle demande vraiment à un homme marié!

ROWLEY.

Sûrement Milady n'est pas la cause....

TIZLÉ.

Pourquoi non? Vous a-t-on dit qu'elle fût morte?

ROWLEY.

Allons, allons, baronnet, vous disputez ensemble quelque fois, mais je suis sûr que vous l'aimez.

TIZLÉ.

Oui, Rowley. Mais le pis dans nos querelles c'est qu'elle a toujours tort, et ne continue pas moins à me vexer. Je suis l'homme le plus doux du monde. C'est ce que je lui dis cent fois tous les jours.

ROWLEY.

En vérité, baronnet?

TIZLÉ.

Et puis..... milady Snirwell, un Guep, mistriss Candor l'encouragent à me désobéir. Mais, mon vieux ami, sir Olivier arrive; nous nous moquions tous deux du mariage; il a tenu ferme à son texte.... Et dites-moi, sait-il que je suis marié?

ROWLEY.

Oui, monsieur, et son intention est de venir vous souhaiter le bonheur.

TIZLÉ.

Quoi! comme on souhaite la santé à un ami en consomption? je veux l'avoir chez moi. (*Vivement.*) Mais, mon cher Rowley, qu'il ne vous échappe pas le plus petit indice que ma femme et moi.... (*Il exprime ses querelles avec ses doigts.*) Je voudrais qu'il crût que nous sommes le plus heureux couple.... Dieu me pardonne ce mensonge!

ROWLEY.

Il faut donc prendre garde de vous quereller, au moins pendant qu'il sera logé chez vous.

TIZLÉ.

Sans doute, il le faut.... mais je crains bien que cela ne soit impossible. Maugrebleu! quand un vieux garçon se marie, il mérite.... il mérite.... la faute porte toujours la peine avec soi.

FIN DU PREMIER ACTE.

ACTE II.

SCÈNE PREMIÈRE.

Le Théâtre représente la maison du Baronnet.

LE BARONNET TIZLÉ, MILADY, TIZLÉ.

MILADY.

N'êtes-vous rentré un moment que pour gronder?

TIZLÉ.

Milady, Milady, je ne veux pas souffrir cela.

MILADY.

Très-bien, baronnet, souffrez-le ou non, comme il vous plaira; mais je sais, moi, que je dois faire ce qu'il me plaît; de plus, je le veux.

TIZLÉ.

Quoi, Madame, sans respect pour l'autorité d'un mari!..

MILADY.

Ne sais-je pas bien qu'il n'est pas une femme de qualité qui fasse ce qu'on lui dit après le mariage? Élevée en province, je ne suis pas étrangère aux usages. Vouliez-vous que je vous obéisse? vous deviez m'adopter au lieu de m'épouser. Je suis sûre que vous êtes assez vieux pour cela.

TIZLÉ

Nous y voilà. Peste, de quel droit, Madame, vous jetez-vous dans toutes ces extravagances?

MILADY.

Je ne suis pas plus extravagante qu'il ne convient à une femme d'un certain rang.

TIZLÉ.

Madame, je n'ai plus d'argent à donner pour ce luxe inutile. Vous avez plus de fleurs dans votre boudoir, que le banquier hollandais le plus riche n'en rassembla jamais dans sa serre chaude.

MILADY.

Ah Dieu! baronnet, est-ce ma faute si les fleurs ne naissent pas en hiver? Prenez-vous-en au climat. Je voudrais voir les fleurs éclore toute l'année, et les roses naître sous nos pas.

TIZLÉ.

Si vous étiez née au sein de ces extravagances, j'en serais moins surpris. Aviez-vous de ces choses-là avant de m'épouser?

MILADY.

Comment pouvez-vous vous mettre en colère contre tous ces petits riens élégans?

TIZLÉ.

En aviez-vous, quand?...

MILADY.

Très-juste: après vous avoir épousé, je ne devais plus prétendre à avoir du goût.

TIZLÉ.

Fort bien, Madame! Vous avez tout-à-fait oublié quelle était votre situation lorsque je vous vis pour la première fois.

MILADY.

Situation désagréable, en effet; sans quoi je ne vous eusse jamais épousé.

TIZLÉ.

Vous oubliez l'humble état dont je vous ai tirée... La fille d'un petit anobli! Lorsque j'arrivai chez votre père, je vous trouvai assise près d'un métier à broder, en robe d'indienne, un trousseau de clés sur la hanche, les cheveux plats, relevés d'un peigne de corne.

MILADY.

Oh! je m'en souviens très-bien; mes occupations de la journée, c'était d'inspecter la laiterie, de garder le poulailler, de faire des extraits du *Cuisinier Domestique*, et de peigner le bichon de ma tante Déborah.

TIZLÉ.

Je suis ravi de voir que vous ayez si bonne mémoire.

MILADY.

Mon emploi du soir était de dessiner des manchettes, sans matériaux pour en faire; de jouer au domino avec M. le curé, de lire un sermon à ma tante; et, parfois, de me clouer à une vieille épinette, que je frappais de tous mes doigts, pour assoupir mon père après la chasse au renard.

TIZLÉ.

Votre seul plaisir était de vous promener sur un grand cheval de quarante ans, en croupe avec la fermière.

MILADY.

Non, non, je nie....

TIZLÉ.

Je vous dis que c'est vrai : c'était votre situation. Maintenant, Madame, il vous faut un carrosse, un vis-à-vis, trois grands laquais poudrés derrière, deux petits chevaux blancs, en été, pour vous traîner aux jardins de Kensington. Au lieu de végéter dans un trou de village, vous avez un hôtel : j'ai fait de vous une femme riche, une femme de qualité; en un mot, je vous ai fait ma femme.

MILADY.

Eh bien!... il ne vous reste à ajouter à tant d'obligations, que...

TIZLÉ.

De vous laisser veuve?

MILADY.

Pourquoi donc voulez-vous me forcer à vous dire des choses désagréables? Mais, puisque cet entretien de tous les jours est fini, je peux aller, j'espère, à mes engagemens chez milady Snirwell.

TIZLÉ.

Précieuse connaissance que vous avez faite aussi, et de la clique qui la fréquente! Miséricorde! plus d'un misérable pun par les lois avait fait moins de mal que ces colporteurs de mensonges, ces artisans de calomnies, ces assassins de réputations.

MILADY.

Comment pouvez-vous être si sévère, baronnet? Tous gens de bonne compagnie, tenant à la réputation.

TIZLÉ

Si fort, qu'ils ne permettent pas aux autres d'en avoir.

MILADY.

Je proteste, baronnet, que je ne crois pas faire de mal, quand je dis une méchanceté : c'est un point convenu qu'ils en font de même envers moi.

TIZLÉ.

Ils vous ont rendue aussi méchante qu'eux.

MILADY.

Je ne fais pas trop mal ma partie.

TIZLÉ avec ironie.

Comment! avec une grâce parfaite...

MILADY.

A propos, vous m'avez promis de venir.

TIZLÉ.

Eh bien! j'irai encore, pour voir comment j'y suis peint.

MILADY.

Sur ma parole, hâtez-vous, ou ce sera trop tard (*elle sort.*)

SCÈNE II.

Ne me voilà-t-il pas bien avancé, avec mes remontrances?.. Quel air charmant elle a!... et avec quelle grâce aimable elle montre son mépris de mon autorité ! Eh bien, si je ne puis pas me faire aimer, c'est un plaisir du moins de la tourmenter! Je crois qu'elle n'a jamais sur moi tant d'avantage, que lorsqu'elle fait tout pour me vexer. (*Il sort.*)

SCÈNE III.

La Scène représente la maison de milady Snirwell.

MILADY SNIRWELL, CRAB, BACKBITE, JOSEPH SURFACE, MISTRISS CANDOR ET MARIA, entrent.

MILADY SNIRWELL.

Oh! très-positivement, nous les verrons.

J. SURFACE.

Oui, l'épigramme, absolument.

BACKBITE (bas).

Les importuns! (*Haut*). C'est une bagatelle.

CRAB.

Vrai, Mesdames, excellent pour un impromptu.

BACKBITE.

Mais, Mesdames, au préalable, il faut vous dire à quelle occasion. Un jour de cette semaine, milady *Curricle* vint respirer la poussière du parc, dans son phaéton; elle voulut avoir des vers sur ses petits chevaux à la jambe effilée; je tirai mon portefeuille, et je....

SCÈNE IV.

MILADY TIZLÉ, LES ACTEURS PRÉCÉDENS.

MILADY SNIRWELL.

Ah! milady Tizlé. (*à Backbite*) Vous nous donnerez des copies.

BACKBITTE (à part).

Impossible de lire, même un quatrain, à une troupe aussi frivole.

MILADY SNIRWELL.

J'espère, Milady, que nous verrons le baronnet.

MILADY TIZLÉ.

Il me suit.

MILADY SNIRWELL.

Maria! ma chère! quel sérieux! Vous ferez un piquet avec M. Surface.

MARIA.

Je n'aime pas beaucoup les cartes, mais pour vous plaire, Milady....

MILADY TIZLÉ (à part).

Je serais bien surprise s'il allait s'asseoir à une table avec Maria. (*Haut*). Mais de quoi parliez-vous, Mistriss Candor.

MISTRISS CANDOR.

Il y a là des censeurs qui ne veulent pas permettre à notre amie miss Vermillon d'être belle.

MILADY SNIRWELL.

Oh! sûrement, c'est une jolie femme.

MISTRISS CANDOR.

Elle a de charmantes couleurs.

MILADY TIZLÉ.

Oui, quand c'est fraîchement mis.

MISTRISS CANDOR.

Eh ! bien, je jurerais que c'est naturel; cela va et vient; je l'ai vu.

MILADY TIZLÉ.

Oui, cela s'en va le soir, et revient le matin.

BACKBITE.

Comme vous dites, Madame, allant, venant; toute la fatigue est pour la soubrette.

MISTRISS CANDOR.

Fort bien.... Et que pensez-vous de sa sœur?

CRAB.

Qui? mistriss Verdelet. Devant Dieu ! elle a cinquante-six ans, à un ou deux jours près.

MISTRISS CANDOR.

Moi, je serais pour soixante.... deux.... et trois.... au plus. Je ne crois pas qu'elle paraisse davantage.

BACKBITE.

Pas moyen d'en juger, à moins que sous, son énorme chapeau, vous n'ayez pu voir sa figure.

MILADY SNIRWELL.

Au moins, si cette dame met tant de soin à réparer les ravages du temps, son art ne vaut-il pas mieux que la manière négligée dont la veuve Titon plâtre ses rides ?

BACKBITE.

Ne vous voilà-t-il pas? vous êtes trop sévère. Ce n'est pas qu'elle se farde trop mal; mais quand elle a fini son visage, elle le joint si gauchement à son cou, qu'on la prendrait pour une de ces statues réparées où le connaisseur découvre, du premier coup d'œil, que la tête est moderne, bien que le tronc soit antique.

CRAB.

Que dites-vous de miss Riant?

BACKBITE.

Elle a de jolies dents.

MILADY TIZLÉ.

Oui, voilà pourquoi elle ne ferme pas sa bouche. C'est un soin perpétuel à la tenir ouverte.... Regardez. (*Elle montre ses dents.*)

TOUS ENSEMBLE.

Ah! ah! ah!

MILADY TIZLÉ.

Cependant, j'avoue que c'est mieux que la fatigue de miss Pincé pour cacher la perte de ses dents; elle pince sa bouche, au point de la faire ressembler à celle d'un petit lézard. Tous ses mots ne glissent que par les bords. (*Elle la contrefait.*) Comment vous *po-tez-vous, Madame? Oui, Mam.* Mais voici le baronnet; adieu la gaîté.

SCÈNE V.

LE BARONNET, LES ACTEURS PRÉCÉDENS.

TIZLÉ.

Mesdames, votre serviteur. (*A part.*) Miséricorde, toute la bande! une réputation morte par minute.

MISTRISS CANDOR.

Ils ne veulent accorder de bonnes qualités à personne, pas même un bon naturel à notre amie milady Richemont.

CRAB.

La vieille grosse douairière?

MISTRISS CANDOR.

L'embonpoint fait son malheur, et puisqu'elle prend tant de peine pour s'en délivrer, on ne doit pas faire de réflexions sur elle.

MILADY TIZLÉ.

On dit qu'elle ne vit plus que d'acide et de petit-lait, et qu'elle se fait lacer avec des poulies. Dans les jours les plus chauds, vous êtes sûr de la rencontrer à cheval, le chignon relevé comme un sergent de la garde, soufflant, galoppant, disparaissant jusqu'à la barrière.

TIZLÉ (à part).

C'est leur parente! Une personne chez qui ils dînent deux fois par semaine!

MISTRISS CANDOR.

On doit plus d'indulgence à une femme de quarante ans, qui se fatigue ainsi, pour devenir mignonne comme une coquette de quinze ans.

MILADY SNIRWELL.

Mais elle est belle encore. Les yeux éteints! Rien d'étonnant; elle ne passe plus ses nuits qu'à lire des romans.

MISTRISS CANDOR.

Ses manières sont gracieuses, si on considère qu'elle n'eut pas d'éducation; sa mère, vous le savez, était une marchande de modes du pays de Galles, et son père un raffineur de sucre à Bristol.

BACKBITE.

Vous êtes toutes deux trop bonnes.

MISTRISS CANDOR.

On sait que je ne me joins jamais au ridicule qu'on donne à une amie. C'est ce que je disais à miss Prunelle, ma cousine, et vous connaissez tous sa prétention à la beauté.

CRAB.

Oh! la figure la plus étrange.... Un ensemble de traits de tous les coins du globe.

BACKBITE.

Elle a le front irlandais.

CRAB.

Les cheveux écossais.

BACKBITE.

Le nez d'un Hollandais.

CRAB.

Les lèvres africaines.

BACKBITTE

Le teint d'un Espagnol.

CRAB.

Et les dents à la chinoise.

BACKBITE.

Ha, ha, ha, ha,

MILADY SNIRWELL.

Ha, ha .... vous êtes deux vipères.

MISTRISS CANDOR.

Je proteste....

TIZLÉ.

Madame, madame, il est impossible d'arrêter les langues de ces bons messieurs. Mais si je vous dis que la dame qu'ils offensent est mon amie, vous serez assez bonne pour ne pas entreprendre sa défense.

MILADY SNIRWELL.

Mais vous êtes une cruelle créature, baronnet; trop flegmatique pour avoir de l'esprit, trop morose pour le passer aux autres.

TIZLÉ.

Le véritable esprit, madame, est allié à la bonté plus près que vous ne pensez.

MILADY TIZLÉ.

Vrai, baronnet; ils sont alliés de si près qu'il est impossible de les unir.

BACKBITTE.

Supposez-les, madame, homme et femme; on les voit rarement ensemble.

MILADY TIZLÉ.

Oh! le baronnet! il est si grand ennemi de la médisance qu'il voudrait la faire abolir par le parlement.

TIZLÉ.

Parbleu! madame, si ces jeux cruels lui semblaient aussi sérieux que d'aller chasser sur les terres d'autrui, et qu'il y eût un *bill* en faveur des réputations, que de gens le remercieraient!

MILADY SNIRWELL.

Oh! dieu! le baronnet voudrait nous priver des priviléges de notre sexe.

TIZLÉ.

Oui, madame; mais je le laisserais aux vieilles filles et aux veuves désolées de ne pas trouver un second mari.

MILADY SNIRWELL.

Oh! le monstre!

CRAB.

Je suis persuadé qu'il n'y eut jamais de scandaleuse histoire sans quelque fondement.

TIZLÉ.

Neuf sur dix partent d'oisiveté ou d'invention maligne.

MILADY SNIRWELL.

Allons, mesdames, jouons-nous? dans la pièce voisine.

TIZLÉ.

Et moi je glisse sans être aperçu.

MILADY SNIRWELL.

Baronnet, vous n'allez pas nous laisser?

TIZLÉ.

Pardon, mesdames, des affaires.... Mais je laisse ma réputation avec vous.

BACKBITE.

Votre seigneur et maître, milady Tizlé, est un être fort étrange. Je vous conterais des histoires qui vous feraient rire de bon cœur s'il n'était pas votre mari.

MILADY TIZLÉ.

Qu'à ça ne tienne.... par ici. (*Ils sortent tous.*)

SCÈNE VI.

J. SURFACE, MARIA.

J. SURFACE.

Vous ne vous plaisez pas dans cette société ?

MARIA.

Eh ! le puis-je ? fronder les défauts, est-ce de l'esprit ? Rire du malheur, de la gaîté ?

J. SURFACE.

Si sensible ! et cependant si cruelle envers moi ! L'espoir est-il interdit à la plus tendre passion ?

MARIA.

Pourquoi persistez-vous à me tourmenter ?

J. SURFACE.

Ah ! Maria, vous ne fermeriez pas ainsi l'oreille, si Charles n'était pas le rival préféré.

MARIA.

Quels que soient mes sentimens pour cet infortuné, je ne crois pas devoir y renoncer, parce que sa pauvreté lui a fait perdre l'amitié.... même d'un frère.

J. SURFACE.

Non, Maria, vous ne me quitterez pas avec ce dédain. Par l'honneur, je vous jure.... (*Il se met à genoux, et aperçoit milady Tizlé.*) Ah! milady Tizlé ! (*A part.*) Ne nous déconcertons pas. (*A Maria.*) J'ai la plus grande estime pour milady Tizlé; mais si le baronnet soupçonnait....

SCÈNE VII.

MILADY TIZLÉ, J. SURFACE.

MARIA, avec effroi.

Ah ! milady !

MILADY TIZLÉ.

Qu'est-ce donc, mon enfant? On vous attend dans l'autre salon. (*Maria sort.*) Que signifie? quoi! la preniez-vous pour moi?

J. SURFACE.

Il faut que vous sachiez.... Maria.... soupçonnant.... mon estime pour vous, me menaçait, si je ne renonçais pas.... de révéler à son tuteur.... et je.... je raisonnais avec elle.

MILADY TIZLÉ.

Il paraît que vous avez adopté une manière fort tendre. Dites-moi, raisonnez-vous ordinairement sur vos genoux?

J. SURFACE.

Mais.... vous savez que c'est une enfant; la flatter un peu, c'est s'assurer son silence.

MILADY TIZLÉ.

Au reste, vous savez que, si je vous permets d'être mon soupirant, ce n'est pas plus loin que la mode n'autorise.

J. SURFACE.

Oh! non.... un simple sigisbée que chaque dame a le droit....

MILADY TIZLÉ.

Rien de plus.... Malgré les tourmens que le baronnet me cause, rien ne me porterait....

J. SURFACE.

A la seule vengeance qui soit au pouvoir d'une femme.

MILADY TIZLÉ.

Le mauvais sujet! mais on apercevra notre absence; allons joindre la compagnie.

J. SURFACE.

Je vous suivrai.

MILADY TIZLÉ.

Ne tardez pas, car je vous assure que Maria ne reviendra pas pour vous entendre raisonner. (*Elle sort.*)

SCÈNE VIII.

J. SURFACE, seul.

La jolie position! En gagnant la femme, je perdrai l'héritière. Je n'ai voulu d'abord faire de milady Tizlé qu'un instrument pour obtenir la pupille. Je ne sais comment cela s'est fait.... j'en suis devenu sérieusement amoureux. Je commence à regretter d'avoir pris tant de peine pour obtenir cette belle réputation; elle m'enhardit à tant de fourberies, qu'à la fin je crains d'être découvert.

SCÈNE IX.

(La maison du baronnet.)

SIR OLIVIER, ROWLEY.

SIR OLIVIER.

Ha! ha! ainsi donc mon vieux ami est marié!.... avec une femme de province! Ha! ha! qu'obstiné vieux garçon il soit tombé!....

ROWLEY.

N'allez pas le railler; il n'est pas homme à le souffrir. Quoiqu'il soit marié depuis sept mois....

SIR OLIVIER.

Juste donc la moitié d'un an de repentir! Il a abandonné Charles, dites-vous; il ne le voit jamais!

ROWLEY.

C'est la plus étonnante prévention; elle augmente avec le soupçon que Charles est trop bien avec milady. C'est un bruit qui circule, et confirmé d'ailleurs par milady Snirwell.

SIR OLIVIER.

Je sais qu'il y a chez elle un troupeau de commères, mâles et femelles, qui tuent les réputations pour tuer le temps; on vous y ternit celle d'un jeune fou avant qu'il ait assez de sens pour en connaître le prix ; mais je n'irai pas pour cela me prévenir contre mon neveu. S'il n'est pas faux, s'il n'a pas à rougir, je serai de bonne composition pour ses extravagances.

ROWLEY.

Je me réjouis qu'il reste un ami au fils de mon ancien maître.

SIR OLIVIER.

Oublierai-je, Rowley, que je fus jeune comme lui? Palsambleu! ni mon frère ni moi n'avons été fort sages, et cependant, vîtes-vous beaucoup d'hommes meilleurs que votre maître?

ROWLEY.

Le baronnet.

SCÈNE X.

LE BARONNET, LES ACTEURS PRÉCÉDENS.

TIZLÉ.

Où est-il? Ah! mon cher ami, que je suis ravi de vous voir! Soyez le bien venu, un million, et un million de fois.

SIR OLIVIER.

Je vous remercie, je vous remercie, baronnet; charmé de vous trouver bon visage.

TIZLÉ.

Seize ans écoulés sans nous voir!.... Vous souvient-il des espiégleries de votre jeunesse?

SIR OLIVIER.

Oui, j'en eus ma bonne part... Mais je vous trouve marié, eh!.... vieux enfant. Eh bien, eh bien qu'y faire à présent? Je souhaite donc que vous soyez heureux.... de tout mon cœur.

TIZLÉ.

Merci, merci! Oui, sir Olivier, je suis entré dans cet heureux état; mais n'en parlons pas maintenant.

ROWLEY (à part à sir Olivier.)

Prenez garde, Monsieur, de toucher cette corde.

SIR OLIVIER.

Fort bien.... Ainsi donc, un de mes neveux est un libertin achevé, à ce que j'apprends.

TIZLÉ.

Ah! mon ami, quelle douleur pour moi que vous soyez désenchanté dès votre retour! Il est trop vrai; Charles est un grand mauvais sujet; mais Joseph vous dédommagera amplement; tout le monde en dit du bien.

SIR OLIVIER.

Tout le monde? Il a donc prodigué aux fripons et aux sots, les humbles révérences qu'on ne doit qu'à la supériorité du talent et à la vertu.

TIZLÉ.

Que diable! vous fâchez-vous contre Joseph, pour n'avoir point d'ennemis?

SIR OLIVIER.

Non pas, s'il a assez de qualités pour mériter d'en avoir.

TIZLÉ.

Vous le verrez; vous serez convaincu. Modèle pour la jeunesse... C'est l'homme aux plus nobles sentimens.

SIR OLIVIER.

Ah! ça, s'il m'aborde, une sentence à la bouche, il va me faire trouver mal. Cependant, ne vous y trompez pas; je n'ai pas envie de défendre les erreurs de Charles; mais avant de juger mes neveux, je mettrai leur cœur à l'épreuve. Mon ami Bouley, et moi, nous avons certain plan.... Mais, déjeûnons, et nous boirons à votre heureux hymen, en vous contant le projet.

FIN DU DEUXIÈME ACTE.

ACTE III.

Maison du Baronnet.

SCÈNE PREMIÈRE.

TIZLÉ, SIR OLIVIER, ET ROWLEY.

TIZLÉ.

Mais, Rowley, je ne comprends pas...

ROWLEY.

Écoutez donc : ce Stanley fut un proche parent de leur mère; il éprouva des revers; il est dans l'infortune : il a écrit à M. Surface et à Charles pour avoir des secours. Il n'a reçu, du premier, rien que de belles promesses, pendant que Charles, dans sa détresse, cherche une somme pour l'envoyer au pauvre Stanley.

SIR OLIVIER.

Qu'il est bien le fils de mon frère!

ROWLEY.

Vous verrez les deux frères, sous le nom emprunté de Stanley; dans le plus jeune vous trouverez un être qui, malgré ses extravagances, a encore, comme le dit notre immortel tragique : « Une larme pour l'infortune, et une main ouverte, où l'argent se fond en célestes charités. »

TIZLÉ.

Qu'est-ce que la main et la bourse ouvertes, s'il n'a rien à donner? Mais où est la personne dont vous parlez?

ROWLEY.

Dans votre antichambre. Holà, quelqu'un. (*A un domestique.*) Faites entrer Moïse.

SCÈNE II.

MOISE, LES ACTEURS PRÉCÉDENS.

SIR OLIVIER.

J'ai appris, Monsieur, qu'en dernier lieu, vous prîtes beaucoup de peine pour mon neveu Charles.

MOISE.

Oui, sir Olivier,... mais il était ruiné avant qu'il m'appelât à son aide.

SIR OLIVIER (ironiquement.)

Vous n'eûtes pas l'occasion de montrer vos talens!

MOISE.

Quand je connus sa détresse, il était de quelques mille livres sterling au-dessous de rien.

SIR OLIVIER.

Vous n'avez rien négligé du moins?

MOISE.

Oh! il le sait bien : ce soir même je devais lui amener un gros capitaliste de la cité, qui sans le connaître lui eût avancé de l'argent.

SIR OLIVIER.

Comment! quelqu'un lui prêterait dans sa position?

MOISE.

Sans doute.

SIR OLIVIER.

Quel est son nom?

MOISE.

Monsieur Premium, ci-devant courtier.

TIZLÉ.

Connaît-il ce Premium?

MOISE.

Du tout.

TIZLÉ.

Il me vient une idée. Si vous le visitiez sous ce déguisement? ce serait mieux que d'être un vieux cousin. Vous verriez Charles dans toute sa gloire.

SIR OLIVIER.

Très-bien imaginé. Ensuite j'irai chez Surface, sous le nom du vieux Stanley... Mais diable! comment passer pour un juif?

MOISE.

Superflu! l'usurier qui doit prêter l'argent est chrétien.

SIR OLIVIER.

Chrétien! Mais ne suis-je pas trop paré pour un usurier?

TIZLE.

Du tout : il ne serait pas même plus mal que vous fussiez dans un brillant phaéton : n'est-ce pas Moïse?

MOISE.

Oh! pas le moins du monde.

CHARLES.

Comment m'exprimer! n'y a-t-il pas le jargon de l'usure, une façon de traiter?

TIZLÉ.

J'imagine, Sir Olivier, que le grand point est d'être exorbitant dans vos demandes... Eh! Moïse?

MOISE.

Oui, c'est le grand point.

SIR OLIVIER.

Vous n'avez pas besoin de me faire la leçon : huit, dix pour cent, au moins.

MOISE.

Oh! si vous ne demandez pas davantage, vous êtes reconnu sur-le-champ.

SIR OLIVIER.

Eh! que diable! combien donc?

MOISE.

Cela dépend; s'il n'est pas dans une peine extrême, ne lui demandez que quarante, cinquante pour cent; mais si vous le voyez dans la plus grande détresse, exigez le double.

TIZLÉ.

Sur ma parole, Sir Olivier, M. Premium, veux-je dire, vous apprenez un joli métier.

MOISE.

Puis, vous n'avez pas d'argent : vous êtes obligé de l'emprunter d'un ami.

SIR OLIVIER.

Oh! je l'emprunte pour lui d'un ami.... N'est-ce pas?

MOISE.

Et cet ami est un fripon qui n'a pas de conscience : mais vous ne pouvez empêcher cela.

SIR OLIVIER.

Sans conscience.... n'est-ce pas?

MOISE.

Et il n'a pas la somme lui-même. Il est forcé de vendre un capital à grande perte.

SIR OLIVIER.

Bien! c'est très-bon de sa part. Mais Moïse me donnera d'autres instructions en allant.

TIZLÉ.

Vous n'aurez pas le temps, Charles demeure très-près d'ici.

SIR OLIVIER.

N'ayez pas peur: mon maître est si habile, que Charles demeurât-il dans la rue voisine, c'est ma faute si je ne suis pas un fripon parfait avant d'avoir tourné le coin.

(*Sir Olivier, Rowley et Moïse sortent*).

SCÈNE III.

MARIA, TIZLÉ.

TIZLÉ.

Je voudrais, Maria, vous voir plus sensible aux qualités de M. Surface. N'êtes-vous pas convaincue de plus en plus du mérite de cet aimable jeune homme?

MARIA.

Je vous l'ai dit souvent, mon cher tuteur; de tous les hommes dont l'attention a pu m'honorer, il n'en est pas un que je ne préférasse à M. Surface.

TIZLÉ.

Cet aveuglement sur ses vertus vient de votre penchant pour son libertin de frère.

MARIA.

C'est injuste à vous, mon tuteur: vous savez qu'à votre prière j'ai renoncé à le voir.... Trop certaine que je suis qu'il n'est plus digne de ma tendresse : mais pendant que ma raison condamne ses égaremens, mon cœur plaint son infortune.

TIZLÉ.

Il serait mieux de prendre une résolution, et de donner le cœur à un plus digne objet.

MARIA.

A son frère? jamais.

TIZLÉ.

Prenez garde : je ne vous ai pas fait connaître encore l'autorité d'un tuteur: ne me forcez pas à l'exercer.

MARIA.

Je sais que je vous dois obéir quelque temps, comme à mon père.... Je sais aussi que mon devoir finit quand vous me forcez à être malheureuse. (*Elle sort*).

SCÈNE IV.

TIZLÉ (seul).

Jamais homme fut-il plus malheureux que moi ! Je n'avais pas encore trois semaines de mariage, que son père, florissant de santé, mourut... pour que j'eusse un tourment de plus avec la garde de sa fille. Mais voici ma compagne à son aide. Elle me paraît en bonne humeur. Ne puis-je la picoter, au point de m'en faire aimer un peu ?

SCENE V.

TIZLÉ, MILADY.

MILADY.

Qu'est-ce donc, baronnet! qu'avez-vous fait à votre pupile? Il n'est pas bien de quereller quand ce n'est pas avec moi.

TIZLÉ.

Ah! Milady, il n'appartient toujours qu'à vous de me mettre en belle humeur.

MILADY.

J'en suis ravie : j'ai besoin que vous soyez monstrueusement en belle humeur tout à l'heure. Allons, soyez aimable; donnez-moi deux cents guinées.

TIZLÉ.

La peste! Ne puis-je avoir un moment de belle humeur sans payer pour cela ? Mais ayez toujours cet air-là, et rien ne vous sera refusé. (*Il tire son portefeuille*). Voilà deux cents livres sterling. (*Il s'avance pour l'embrasser*). Scellez l'obligation.

MILADY.

Non, non, pour un billet, la main, c'est ce qu'il faut. (*Elle lui donne sa main à baiser.*)

TIZLÉ.

Eh bien, eh bien, je dois m'en contenter!... Vous n'aurez

plus le reproche à me faire de ne pas songer à votre avenir. Je dois bientôt vous surprendre.

MILADY.

Vous devez?.... Vous n'imaginez pas, baronnet, combien cette belle humeur vous sied. Je vous vois maintenant comme vous étiez avant de nous marier.

TIZLÉ.

Vraiment? est-ce que .... ?

MILADY.

Quand nous nous promenions sous les ormeaux, vous souvient-il du plaisir que vous aviez à me conter vos histoires? Quel galant vous aviez été dans votre jeunesse? vous me demandiez si j'aimerais un vieux mari de bonne humeur qui ne pourrait jamais rien me refuser.

TIZLÉ.

Vous étiez si attentive alors, si obligeante!

MILADY.

Si je l'étais! Je prenais votre parti contre toutes mes connaissances. Quand ma cousine Sophie pouffait de rire à l'idée de me marier à un homme assez vieux pour être mon père, vous appelait laid, boudeur, empesé, je la contrariais toujours. Je disais que vous seriez la meilleure pâte de mari.

TIZLÉ.

C'était bien bon de votre part. Vous êtes-vous trompée? enfin vivrons-nous heureux?

MILADY.

Oui, si vous êtes las de gronder.

TIZLÉ.

De tout mon cœur.

MILADY.

Nous serons donc heureux : jamais, jamais, nous ne querellerons.

TIZLÉ.

Jamais, jamais, jamais. Que nos disputes soient à qui sera le plus aimable.

MILADY.

Oui.

TIZLÉ.

Mais, ma chère, mon ange, il faut veiller sur vous... Vous savez que, dans nos querelles, vous commencez toujours.

MILADY.

Non, non, baronnet, mon ange, c'est toujours vous.

TIZLÉ.

Non, non, cela n'est pas.

MILADY.

Prenez garde : ce n'est pas le chemin d'être heureux, si vous vous échappez de la sorte.

TIZLÉ.

Non, non, c'est vous.

MILADY.

Non, non, vous.

TIZLÉ.

Peste soit : je dis que c'est vous.

MILADY.

Je n'ai jamais rien vu qui vous ressemble... Tout juste ce que ma cousine Sophie m'a prédit.

TIZLÉ.

Votre cousine est une impertinente, petite-sucrée.

MILADY.

Il faut que vous soyez *un grand Ours* (1) pour dire du mal de ma parente.

TIZLÉ.

Je fus vraiment bien inspiré d'épouser une impertinente coquette, refusée par la moitié des nobliaux du voisinage.

MILADY.

Je fus bien folle d'épouser un vieux garçon, au chef pen-

(1) Ce mot a déplu à Versailles, l'actrice peut en substituer un autre.

ché, au dos voûté, qui n'était pas marié à cinquante ans, parce que personne n'en voulait.

TIZLÉ.

Vous fûtes bien aise de m'avoir : jamais telle offre ne vous avait été faite.

MILADY.

Bon ! et le baronnet Terrier? Ses biens valaient les vôtres, et il s'est cassé le cou depuis que nous sommes mariés.

TIZLÉ.

Fort bien, Madame ! vous êtes une ingrate. Que toutes les malédictions tombent sur moi, si j'essaie encore d'être votre ami. Vous aurez une pension, mais en me séparant de vous.

MILADY.

Je le veux : c'est décidé.

TIZLÉ.

Très-bien, Madame, oh! très-bien! oui, Madame... je crois à toutes les histoires qu'on fait de vous et de Charles, de vous et de votre Charles, Madame...

MILADY.

Prenez garde, Monsieur, prenez garde, à ce que vous dites; je ne veux pas être soupçonnée sans cause, je vous en préviens.

TIZLÉ.

Une bonne séparation.

MILADY.

Soit.

TIZLÉ.

Oui, morbleu ! je ferai de moi un exemple pour mettre en garde tous les vieux garçons.

MILADY.

Je crois, baronnet, que vous allez vous mettre en colère. Je vous laisse. Quand vous serez rentré dans votre assiette naturelle, nous serons encore le couple le plus fortuné. (*Elle le contrefait*) *Jamais*, *jamais*, nous ne querellerons..... jamais.... Ah ! ah ! ah ! jamais ! (*Elle sort.*)

SCÈNE VI.

TIZLÉ, seul.

Comment diable ! je ne peux donc jamais la fâcher ! Oh ! je cours après elle. Qu'elle ne présume pas garder de ce sang-froid. Non, non. Elle peut me briser le cœur ; mais, Dieu me confonde ! j'ai résolu de troubler ce calme qui m'irrite.

SCÈNE VII.

La maison de Charles.

SIR OLIVIER et MOISE, TRIP.

TRIP.

Par ici, Messieurs, par ici.... Moïse, quel est le nom de Monsieur ?

SIR OLIVIER (à part).

Ah ! Moïse, quel est mon nom ?

MOISE.

Monsieur Premium.

TRIP.

Ah ! Monsieur Premium, très-bien. (*Il sort.*)

SIR OLIVIER.

A en juger par le valet, on n'imaginerait pas que le maître est ruiné. C'était sans doute la maison de mon frère ?

MOISE.

Oui, Monsieur, Charles l'acheta de Joseph, avec meubles, tableaux *et cætera.* Le baronnet pense que c'était dans M. Charles une grande folie.

SIR OLIVIER.

A mon sens, l'économie de l'aîné est plus blâmable de moitié.

TRIP.

Messieurs, mon maître est très-fâché; mais il y a compagnie chez lui.

SIR OLIVIER.

S'il savait qui le demande, peut-être....

TRIP.

Je l'ai dit, sans oublier mon petit Premium.

SIR OLIVIER.

Fort bien : eh, s'il vous plaît, quel est votre nom ?

TRIP.

Trip, Monsieur, pour vous servir.

SIR OLIVIER.

Monsieur Trip, la place est bonne, j'imagine ?

TRIP, (avec des airs).

Nous sommes quatre ici qui passons le jour et la nuit assez agréablement. Nos gages, il est vrai, sont quelquefois un peu en arrière. Cinquante louis. C'est à nous de trouver le casuel. Moïse, avez-vous fait escompter pour moi ce billet ?

SIR OLIVIER, (à part).

Besoin d'emprunter aussi !...... en détresse comme un seigneur.

MOISE.

Impossible, M. Trip. (*Il lui rend le billet.*)

TRIP.

Non ! j'aurais cru que quand mon ami *de La Brosse* avait mis là son seing...

MOISE.

N'avez-vous rien que vous puissiez déposer ?

TRIP.

Point de hardes de mon maître qui me reviennent sitôt. Mais je peux donner hypothèque sur ses habits d'hiver avec assurance de les dégager avant la Noël. (*On sonne*). J'y vais, j'y vais. Messieurs, si vous voulez bien passer par ici, peut-être pourrez-vous entrer. (*Ils sortent.*)

SCÈNE VIII.

La toile du fond découvre Charles, Carle et dix convives encore à table... Grand bruit.

CHARLES.

Ha! ha! ha! sur mon Dieu! vous avez raison. Le siècle dégénère : la bonne compagnie ne veut plus s'enivrer.

CARLE.

On se livre à tout le luxe de la table; mais on néglige la bouteille.

CHARLES.

Aussi, plus de gaîté, de ces saillies qui partent comme la mousse, le verre à la main. La conversation est aussi insipide que l'eau de Spa qu'on sert aujourd'hui, eau qui a toute l'acidité du Champagne, sans l'esprit de ce vin et sa saveur. Le vin, le vin! c'est lui qui décèle si on est amoureux. Allons, rasade.

CARLE.

Mais, Charles, tu ne bois pas à celle que tu aimes?

CHARLES.

Eh bien! donc, santés à la ronde, à Maria!

TOUS.

A Maria! à Maria! (*Chanson bachique. Grand bruit.*)

Trip entre, et parle à Charles tout bas.

CHARLES.

Messieurs, je vous prie de m'excuser; mais une affaire qui presse.... Carle, prenez le fauteuil.

CARLE.

Quelque femme, sans doute? nous ne voulons pas vous perdre pour elle.

CHARLES.

D'honneur, ce n'est qu'un juif et un courtier que je fais appeler.

CARLE.

Ma foi, Charles, nous les verrons.

CHARLES.

Vous le voulez? Qu'on fasse entrer Moïse.

TRIP.

Et le petit Premium aussi?

CARLE.

Oui, oui : et du meilleur Bourgogne à ces fripons.

SCENE IX.

SIR OLIVIER, MOISE, LES ACTEURS PRÉCÉDENS.

CHARLES.

Entrez, messieurs. (*à Sir Olivier et à Moise*) Trip, des chaises. Asseyez-vous, M. Premium, M. Moïse. Des verres, Trip. Allons Moïse, un vœu dans cette santé au succès de l'usure!

MOISE.

Succès à l'usure!

CARLE.

L'usure est de l'industrie, elle mérite de prospérer.

SIR OLIVIER.

Eh bien donc, à tout le succès dont elle est digne!

CARLE (très-gris.)

Puisqu'ils ne veulent plus boire, aux cartes... dans le salon. Faites vos affaires, Charles, et venez nous trouver. (*Ils sortent.*)

SCÈNE X.

CHARLES, SIR OLIVIER, MOISE.

MOISE.

M. Premium est un homme secret, de l'honneur le plus

strict, qui vient à bout de tout ce qu'il entreprend. M. Premium,... ce... c'est...

CHARLES.

Moïse, Monsieur, est un très-honnête garçon, mais un peu lent dans ce qu'il dit. Je vais trancher... Je suis un jeune étourdi qui veux emprunter; vous un vieux renard qui avez de l'argent à prêter. Je suis assez fou pour donner cinquante pour cent plutôt que de m'en aller les mains vides; vous, je suppose, vous êtes assez fripon pour me prendre cent pour cent, si vous le pouvez. A présent que nous nous comprenons, sans cérémonie procédons à l'affaire.

SIR OLIVIER.

Voilà qui est franc; je vois que vous n'êtes pas homme à complimens.

CHARLES.

Non, Monsieur.

SIR OLIVIER.

Je ne vous en aime que mieux; mais vous vous trompez sur un point, Monsieur; je n'ai point d'argent à prêter. Je crois que je peux vous en procurer par un ami : mais c'est un chien sans conscience, n'est-il pas vrai, Moïse ?

MOISE.

Vous ne pouvez pas empêcher cela.

SIR OLIVIER.

Il n'a pas l'argent tout prêt; il faut qu'il vende un capital à grande perte. N'est-ce pas Moïse ?

CHARLES.

Et je paierai la perte. Je sais bien, M. Premium, je sais bien qu'on n'a plus d'argent sans bien payer pour cela.

SIR OLIVIER.

Eh bien! quelle sûreté donnez-vous ? Vous n'avez pas de terre, je suppose ?

CHARLES.

Oh! pas une taupinière.

SIR OLIVIER.

Ni capital ?

CHARLES.

Connaissez-vous ma famille ?

SIR OLIVIER (ricanant).

Quelqu'un, à vous dire vrai...

CHARLES.

Vous avez donc ouï dire que j'ai un vieux oncle dans les Indes, dont j'attends un grand héritage.

SIR OLIVIER.

J'ai bien appris que vous aviez un oncle puissamment riche; mais comment vos espérances tourneront-elles ? c'est plus, je crois, que vous ne pouvez dire.

CHARLES.

Oh ! que si : on m'a dit que j'étais le favori; il doit me laisser tout.

SIR OLIVIER.

C'est la première fois que j'apprends...

CHARLES.

Oui, oui, il veut faire de moi son héritier... N'est-ce pas Moïse ?

MOISE.

Oh ! oui, j'en ferais le serment.

CHARLES.

Maintenant, M. Premium, je vous propose de vous donner un contrat sur l'héritage de mon oncle, quoique cet oncle, sur ma parole, ait été toujours bon pour moi. Sincèrement, je serais fâché qu'il lui arrivât...

SIR OLIVIER.

Pas plus que moi, je vous assure. Mais c'est la plus mauvaire sûreté que vous puissiez m'offrir : je peux vivre jusqu'à cent ans sans recouvrer.

CHARLES.

Avez-vous peur que mon oncle ne vive trop long-temps ?

SIR OLIVIER.

Non, en vérité. J'ai ouï dire qu'il est aussi sain et gaillard qu'homme de son âge.

CHARLES.

Le pauvre oncle Olivier! il dépérit à vue d'œil. Le climat a altéré sa constitution; et on dit même qu'il est si changé depuis quelque temps, que ses plus proches parens ne le reconnaissent pas.

SIR OLIVIER.

Non? Ah! ah! ah! si changé, que ses plus proches parens.... Ah! ah! ah! que c'est drôle, en vérité!

CHARLES.

Quoi! est-ce un plaisir pour vous d'entendre qu'il est dans son déclin?

SIR OLIVIER.

Non! oh! non, non, non; mais on dit qu'il est en route; d'autres prétendent même qu'il est arrivé.

CHARLES.

Non, non, il est en ce moment au Bengale. Je dois le savoir mieux que vous.

SIR OLIVIER.

Cependant j'ai la nouvelle de bonne source. N'est-ce pas Moïse?

MOISE.

Sans contester.

SIR OLIVIER.

Mais, Monsieur, comme je comprends que vous avez besoin de quelque cent livres sterling immédiatement, n'y a-t-il rien dont vous puissiez disposer?

CHARLES.

Quoi, encore?

SIR OLIVIER.

Par exemple, votre père laissa une grande quantité de vieille vaisselle bien massive.

CHARLES.

Tout cela est parti il y a long-temps. Moïse peut vous apprendre comment, mieux que moi.

SIR OLIVIER.

On supposait aussi que sa bibliothèque était une des plus précieuses et des plus complètes...

CHARLES.

Beaucoup trop nombreuse; d'un trop grand prix pour un particulier. De mon naturel, je suis très-communicatif, et je pensai que c'était dommage de garder tant de connaissances pour moi seul.

SIR OLIVIER (à part.)

Oh! le prodigue!.. Vous n'avez donc...

CHARLES.

Rien; à moins que vous n'ayez du goût pour de vieux portraits de famille. J'ai tout un grenier rempli d'ancêtres au haut de ma maison.

SIR OLIVIER.

Allons donc, vous ne vendriez pas vos parens?

CHARLES.

Tous l'un après l'autre, au dernier enchérisseur.

SIR OLIVIER.

Pas vos grands oncles, tantes....

CHARLES.

Si, mes grands-pères, grands-mères.

SIR OLIVIER (à part.)

Je ne lui pardonnerai jamais ce trait-là.

CHARLES.

Mais que vous importe, mon petit Premium, si vous en avez pour votre argent?

SIR OLIVIER.

Comme vous dites.... fort bien, fort bien. (*A part.*) Oh! Je ne lui pardonnerai jamais ce trait-là!

SCÈNE XI.

CARLE, CHARLES, SIR OLIVIER, MOISE.

CARLE.

Que faites-vous, Charles? vous êtes attendu.

CHARLES.

Vous venez à propos, Carle; il va y avoir une vente de mes ancêtres sur l'escalier. Vous serez l'huissier priseur.

SIR OLIVIER (à part.)

L'abandonné!

CHARLES.

Qu'avez-vous, mon petit Premium? ceci ne paraît pas de votre goût.

SIR OLIVIER (affectant de rire.)

Oh! si fait, si fait. Oh! le prodigue! (*En le suivant.*) Je ne lui pardonnerai jamais.

FIN DU TROISIÈME ATCE.

ACTE IV.

SCÈNE PREMIÈRE.

CHARLES, SIR OLIVIER, CARLE ET MOISE.

CHARLES.

Entrez, Messieurs, entrez, c'est la famille des Surface.

SIR OLIVIER.

Belle collection!

CHARLES.

Oh! le véritable style des portraits. Ce n'est point comme

nos peintres modernes qui vous manquent pour vous embellir. Le grand mérite, ici, est la ressemblance : gauches, roides, comme les originaux.

SIR OLIVIER.

Nous ne verrons plus de ces figures-là.

CHARLES.

J'espère bien que non..... mais commençons; à votre place, huissier-priseur. Voilà un grand fauteuil de mon père, qui ne semble fait que pour cela.

CARLE.

Mais de quoi ferai-je un marteau. L'huissier-priseur n'est rien sans le marteau.

CHARLES.

Cherchons. Qu'est-ce? (*Il lit.*) « Sir Richard, héritier de Robert. » Ma généalogie complète! Tenez, Carle, vous n'aurez pas un vulgaire marteau d'acajou. C'est l'arbre généalogique des Surface. Chaque coup frappé sera le signe qu'un d'eux est adjugé.

SIR OLIVIER (à part).

Oh! l'enfant dénaturé!

CARLE.

Voilà qui est heureux. Ce n'est pas seulement un marteau, mais un catalogue au besoin.

CHARLES.

Procédons. Voilà mon grand oncle sir Richard Ravelin, général merveilleusement bon dans son temps; il gagna cette balafre à l'œil, à la bataille de Malplaquet; il n'est point emplumé, brodé, couvert de cordons, comme nos généraux modernes... Qu'en dites-vous, M. Premium?

MOISE.

M. Premium vous laisse mettre le prix.

CHARLES.

Vous l'aurez pour dix livres sterling. C'est assez bon marché, je pense, pour un général.

SIR OLIVIER (*à part*).

Donner son grand oncle pour dix livres sterling! (*haut*) Eh! bien, monsieur, je le prends.

CARLE.

Dix livres sterling! adjugé!

CHARLES.

Voici une de ses sœurs, ma tante Débora, restée fille; un des meilleurs portraits, effroyablement ressemblant. Elle est en bergère, faisant paître sa brebis. Vous pouvez l'avoir pour cinq guinées. Je suis sûr que la brebis seule vaut l'argent.

SIR OLIVIER.

Pauvre tante Débora! qui s'estimait un si grand prix! donnée à cinq guinées! Allons, monsieur, c'est à moi.

CHARLES.

La tante Débora, Carle.

CARLE.

Adjugée.

CHARLES.

Le grand-père de ma mère, juge très-estimé dans son ressort, qu'en donnez-vous?

MOISE.

Quatre schelings; (*il se reprend*) quatre guinées.

CHARLES.

Quatre guinées! ce n'est pas le prix de sa large perruque. Prenez-le à quinze.

SIR OLIVIER.

Soit.

CARLE (*frappant*).

Adjugé.

CHARLES.

Voici deux frères, Williams et Walter Blunt, membres du parlement, grands orateurs et très-incorruptibles..... C'est la première fois qu'on les achète (1).

(1) Le censeur a supprimé la dernière phrase.

SIR OLIVIER.

Je les prends au prix que vous mettrez, pour l'honneur du parlement.

CARLE.

Quarante livres sterling.... Allons, adjugé.

CHARLES.

Plus un cousin, maire de Douvres, huit livres sterling.

SIR OLIVIER.

Non, je crois que six c'est assez, pour un maire de Douvres.

CHARLES.

Allons, mettez six guinées; et je flanque ses deux adjoints par-dessus le marché.

SIR OLIVIER.

Accordé.

CHARLES.

Mais, diable, nous allons passer tout le jour à ce compte! Abrégeons. Donnez-moi trois cents livres sterling, et prenez tout.

SIR OLIVIER.

Eh! bien, eh! bien, si cela vous arrange.... Mais je vois-là un portrait que vous avez passé.

CHARLES.

Quoi, cet homme à mauvaise mine?

SIR OLIVIER.

Celui-là même, monsieur; je ne pense pas qu'il ait si mauvaise mine.

CHARLES.

C'est le portrait de mon oncle, avant son départ pour les Indes; il passe pour très-ressemblant.

CARLE.

C'est votre oncle! ma foi vous ne serez jamais grands amis ensemble. Les traits les plus durs; l'œil inexorable. Ne le pensez-vous pas, Premium?

SIR OLIVIER.

De par tous les diables ! non. C'est un aussi bon visage que pas un qui soit ici, mort ou vivant. Je suppose que votre oncle Olivier ira avec le reste ?

CHARLES.

Non. Il fut si bon pour moi !.. Je garderai son portrait aussi long-temps que j'aurai un pan de mur pour le placer.

SIR OLIVIER, à part.

Le coquin est encore mon neveu. Je lui pardonne tout. (*haut*) Mais, Monsieur, si mon caprice est pour ce portrait ?

CHARLES.

J'en suis fâché, Monsieur. Que diable ! n'avez vous pas assez pris dans la famille ?

SIR OLIVIER, à part.

Je lui pardonne tout, tout; (*haut*) écoutez : je suis le plus étrange original ; quand je me mets quelque chose en tête je ne regarde pas à l'argent. Je vous donnerai pour celui-ci autant que pour tout le reste.

CHARLES.

N'insistez pas. Je ne veux pas m'en séparer. C'est mon dernier mot.

SIR OLIVIER, à part.

Quelle ressemblance a le fripon avec son père ! Je ne m'en suis pas douté d'abord ; mais, depuis le dernier trait, je crois que jamais je ne vis rien de si frappant... (*Haut*) Je vois bien qu'il faut que je me résigne. Voici un billet au porteur pour la somme.

CHARLES.

Mais il est de huit cents livres sterling.

SIR OLIVIER.

Vous ne laissez donc pas aller sir Olivier.

CHARLES.

C'est dit une fois pour toutes.

SIR OLIVIER.

Dans ce cas, ne parlez pas du surplus... nous verrons une autre fois. Donnez-moi la main (*il la presse*); vous êtes le plus honnête vaurien, Charles. Je vous demande pardon, Monsieur, de la liberté... Allons, Moïse, allons. Et vous ne revenez pas sur le petit homme à mine refrognée?

CHARLES.

Oh! sans appel.

SIR OLIVIER, à part.

Oh! le cher extravagant! (*Haut*). Adieu, Monsieur. Allons Moïse, qu'on vienne me dire à présent que c'est un prodigue, un débauché. (*Ils sortent*).

SCÈNE II.

CHARLES, CARLE.

CHARLES.

Diable! où Moïse est-il allé pêcher cet honnête homme? Mais, Carle, rentrez au salon, je vous suis. Voici Rowley.

CARLE.

Charles, n'allez pas vous départir avec lui de votre argent pour payer de vieilles dettes. Ces marchands, ces ouvriers, sont la plus impertinente engeance.

CHARLES.

Je le sais. Les payer, c'est les encourager. (*Seul*). Huit cents livres sterling! Je ne savais pas que mes ancêtres fussent de si bons amis.

SCÈNE III.

ROWLEY, CHARLES.

CHARLES.

Vous arrivez tout juste, Rowley, pour prendre congé de vos anciennes connaissances.

ROWLEY.

Pouvez-vous, sans un peu de tristesse, vous séparer de vos ancêtres?... Ah! mon cher Charles.

CHARLES.

Je n'ai pas le temps de vous écouter. Changez ce billet, Rowley, et portez cent livres sterling au vieux Stanley, avant qu'il arrive quelqu'un qui aurait plus de droit que cet infortuné.

SCÈNE IV.

SIR OLIVIER ET MOISE (*après avoir épié Charles*).

MOISE.

Quel dommage qu'il soit si extravagant!

SIR OLIVIER.

C'est vrai... Mais il n'a pas voulu vendre mon portrait.

MOISE.

Il aime tant le vin et les femmes!

SIR OLIVIER.

Mais il n'a pas voulu vendre mon portrait.

MOISE.

Il joue si gros jeu.

SIR OLIVIER.

Mais il n'a pas vendu... Voici Rowley.

ROWLEY.

Eh! bien, le marché est fait?

SIR OLIVIER.

Oui, notre jeune étourdi s'est défait de ses ancêtres comme d'une vieille tapisserie.

ROWLEY.

J'ai l'ordre de vous remettre cent guinées sur la vente, comme au pauvre Stanley. J'ai laissé deux tailleurs et trois lingères se morfondre dans l'antichambre. Ils s'en iront, j'en suis sûr, sans être payés, et les cent louis suffiraient...

SIR OLIVIER.

Je paierai ses dettes ensemble, et sa bienfaisance. Mais je ne suis plus courtier; me voici le vieux Stanley. Conduisez-moi chez l'aîné.

SCÈNE V.

L'appartement de Joseph Surface.

JOSEPH ET UN DOMESTIQUE.

J. SURFACE.

Point de lettre de Milady Tizlé?

LE DOMESTIQUE.

Non, Monsieur.

J. SURFACE.

Je suis étonné qu'elle n'arrive pas. A-t-elle trouvé quelqu'obstacle? J'espère que le vieux baronnet ne me soupçonne pas..... La prodigalité, l'extravagance de Charles, sont deux grands points en ma faveur. (*On frappe à la porte*). Voyez si c'est elle.

LE DOMESTIQUE.

C'est Milady Tizlé à pied. Elle laisse toujours sa chaise devant sa marchande de modes, dans la rue voisine.

J. SURFACE.

Tirez ce paravent; la voisine en face est une demoiselle si curieuse!.. Je n'ai plus besoin de vous. Milady Tizlé commence à se douter, je le crains, de mon goût pour Maria; mais qu'elle l'ignore jusqu'à ce que je l'aie tout à fait subjuguée.

SCENE VI.

MILADY TIZLÉ, JOSEPH.

MILADY TIZLÉ.

Avez-vous été bien impatient! Quelle gravité! Je vous assure que je suis accourue aussitôt que je l'ai pu.

J. SURFACE.

Oh! la ponctualité est une sorte de constance. Coutume hors de mode parmi les dames.

MILADY.

Allez-vous être injuste? Vous me plaindriez si vous saviez ma position (*ils s'asseyent*); réellement, le baronnet devient si morose! il n'est plus supportable. Me soupçonner d'aimer Charles! Que Maria l'épouse! ne le désirez-vous pas aussi, M. Surface.

J. SURFACE (avec contrainte).

Oh! sans doute. Vous seriez convaincue combien le soupçon d'avoir songé à cette enfant...

MILADY.

Puis Guep, Milady Snirwell, une amie! faire sur moi cent mauvaises histoires, et ce qui est provoquant, sans le moindre sujet.

J. SURFACE.

Voilà le mal; lorsqu'un conte scandaleux est cru, il n'y a pas de consolation comme la conviction intérieure de l'avoir mérité.

MILADY.

Toujours censurée, surveillée, quand je connais la pureté de mon cœur! cela ferait presque repentir d'avoir de la vertu.

J. SURFACE.

Eh! sans doute. Quand un mari n'a plus de confiance, le devoir est de le dévancer.

MILADY.

Vraiment!

J. SURFACE.

Vous devez être un peu fragile pour l'honneur du discernement du mari.

MILADY.

Voilà bien la doctrine la plus neuve!

J. SURFACE.

Et très-saine, croyez-moi.

MILADY.

Le seul moyen de prévenir les soupçons, c'est...

J. SURFACE.

Certainement.

MILADY.

Mais la conviction de mon innocence...

J. SURFACE.

Ah! ma chère Milady, c'est là ce qui vous perd. Qu'est-ce qui cause vos imprudences, et vous fait braver la censure du monde? Votre conscience. Voilà ce qui vous fait passer sur les formes et vous rend inattentive au repos d'un époux. Maintenant, ma chère, si vous pouviez obtenir sur vous de manquer une fois de prudence, vous n'imaginez pas combien cela vous rendrait circonspecte.

MILADY (avec ironie).

Mais, vraiment, si mon jugement pouvait être convaincu.

J. SURFACE.

Oh! il doit l'être... Que le ciel me garde de vous persuader quelque chose qui ne vous parût pas délicat! Non, non, j'ai trop d'honneur...

MILADY (avec fierté).

Et trop de reconnaissance pour votre tuteur. (*Elle se lève*).

J. SURFACE.

Je vois, Milady Tizlé, que les fruits de votre éducation de province sont restés...

MILADY.

C'est vrai, M. Surface... et je commence à me trouver imprudente. Si ma conduite pouvait justifier un soupçon, ce serait plutôt l'ouvrage des rigueurs d'un mari que de votre éloquence.

J. SURFACE.

Eh! bien donc, par cette main, dont je ne suis pas digne... (*En tombant à genoux il voit entrer un domestique*). Quoi! Que demandes-tu, maraud?

LE DOMESTIQUE.

Pardon; j'ai cru que vous n'aimeriez pas que M. Tizlé montât.

J. SURFACE.

Le baronnet!

MILADY.

O! je suis perdue! où fuir?

J. SURFACE.

Là, là, derrière ce paravent. (*Elle s'y précipite.*) Maintenant, qu'on me donne un livre. (*Il s'assied et lit.*)

SCENE VII.

TIZLÉ, J. SURFACE, MILADY.

TIZLÉ.

Ah! le voilà! toujours studieux! M. Surface! M. Surface!

J. SURFACE (feignant de bailler.)

Ah! baronnet, je suis ravi de vous voir. Ce livre m'endormait. Que je suis reconnaissant de votre visite! je pense que vous n'êtes pas venu chez moi, depuis que j'ai une bibliothèque. Les livres, les livres, vous le savez, c'est là ma seule passion.

TIZLÉ (regardant partout.)

Superbe, en vérité! il n'y a pas jusqu'à votre paravent, qui ne soit une source de connaissances où vous pouvez puiser. Des mappemondes tout au tour, à ce que je vois.

J. SURFACE.

Oui, ce meuble m'est d'une grande utilité.

TIZLÉ.

Quand vous êtes pressé de trouver....

J. SURFACE (à part.)

Ou de cacher.

TIZLÉ.

Mon cher ami, j'ai besoin d'un entretien secret avec vous.

J. SURFACE.

Sortez. (*Le valet sort.*)

TIZLÉ (ils s'assayent tous deux.)

Je dois vous faire part de mon malheur. La conduite de milady Tizlé, dernièrement, m'a causé de grands chagrins. Elle ne dissipe pas seulement ma fortune; j'ai des raisons de croire qu'elle a formé une liaison....

J. SURFACE.

Je suis malheureux d'entendre....

TIZLÉ.

Vous me plaindrez.

J. SURFACE.

Croyez-moi, mon cher tuteur, la découverte m'affecterait... autant que vous-même.

TIZLÉ.

Quel bonheur d'avoir un ami à qui on se confie! imaginez vous qui c'est?

J. SURFACE.

Pas le soupçon le plus éloigné.... Ce ne peut pas être Backbite?

TIZLÉ.

Non, non... Que pensez-vous sur Charles.

J. SURFACE.

Mon frère! impossible! je ne peux croire qu'il soit capable d'une perfidie...

TIZLÉ.

Ah! un esprit si droit refuse de croire...

J. SURFACE.

Vous dites vrai, baronnet, un cœur pur est lent à soupçonner.

TIZLÉ.

Cependant, que le fils de mon vieux ami conspire contre l'honneur de ma famille!

J. SURFACE.

Oui, baronnet, quand le trait est acéré par l'ingratitude, la blessure est deux fois plus vive.

TIZLÉ.

Quels nobles sentimens! il n'eut pas même celui, l'ingrat, que je fus son tuteur, que je l'élevai sous mes yeux ..

J. SURFACE.

Je ne sais, baronnet; s'il est tel que vous dites, il ne serait plus mon frère... je le renoncerais... l'homme qui a pu violer les droits de l'hospitalité, et séduire la femme ou la fille de son ami, mérite d'être signalé comme un fléau de la société.

TIZLÉ.

Si j'allais publier ma honte; qu'y gagnerai-je? on raillerait, on rirait...

J. SURFACE.

Ce n'est que trop vrai... non, non, vous ne le devez pas; on parlerait...

TIZLÉ.

Parler! On dirait que c'est ma très grande faute. Un vieux garçon amoureux épouser une jeune fille... On me tympaniserait dans les journaux, il pleuvrait des épigrammes.

J. SURFACE.

Cependant, Monsieur, je ne crois pas que l'honneur de Milady...

TIZLÉ.

Ah! mon cher ami, qu'est-ce que l'honneur contre la flatterie d'un bel homme dans la fleur de la jeunesse? Elle me gronda, dernièrement, de ne lui avoir pas assuré un sort; je crois même que dans une querelle, elle me dit quelle ne serait pas fâchée que je fusse mort. J'ai sur moi copie de deux donations pour que vous les lisiez. Elle trouvera, si je meurs, que je ne fus pas inattentif à son bien être. Elle jouira, par l'un de ces actes, de quatre mille guinées de pension pendant que je vis; par l'autre, de toute ma fortune après ma mort.

J. SURFACE.

Cette conduite est vraiment généreuse!

TIZLÉ.

Mais je ne voudrais pas qu'elle sût encore jusqu'où va mon affection pour elle.

J. SURFACE (à part.)

Ni moi, si je peux l'empêcher.

TIZLÉ.

Maintenant que mon cœur s'est soulagé avec vous, parlons de votre affaire avec Maria.

J. SURFACE (alarmé).

Pas un mot; une autrefois. Je suis trop affecté par vos affaires. L'homme qui pense à son bonheur, quand son ami est malheureux, est un monstre que...

TIZLÉ.

Je suis sûr que vous aimez ma pupile.

J. SURFACE.

Souffrez...

TIZLÉ.

Vous n'avez pas voulu que votre amour soit connu de Milady.

J. RURFACE.

Monsieur, je ne veux pas vous entendre... L'homme qui... (*A un domestique*). Que voulez-vous?

LE DOMESTIQUE.

Votre frère, Monsieur, est en bas; il dit qu'il sait que vous n'êtes pas sorti, que M. Tizlé est avec vous, et qu'il faut qu'il vous voie.

J. SURFACE.

Je ne suis pas à la maison.

TIZLÉ.

Et! si, si, vous y serez.

J. SURFACE (après un moment d'hésitation).

Qu'il vienne donc.

TIZLÉ.

A présent, Joseph, je me cacherai. Accusez-le avec Milady, et tirez au clair un secret...

J. SURFACE.

Oh! fi, mon tuteur, me joindre à un complot, contre un frère!

TIZLÉ.

Eh! oui... Pour servir votre ami. D'ailleurs, s'il est innocent, comme vous le dites, l'occasion est belle pour éclaircir le fait et me rendre heureux. Je l'entends monter.... Où irai-je.... Derrière ce paravent. Mais diable! quelqu'un nous écoutait. Je jure que j'ai vu flotter une robe [1].

J. SURFACE (affectant de rire).

Ah! très-plaisant!... ha, ha, ha, écoutez-moi. (*Le tirant à l'écart*). Quoique je pense qu'une intrigue ne mérite que le mépris, il ne s'en suit pas qu'on soit absolument un sage. Écoutez-moi. J'ai caché là une jolie petite marchande de modes, qui vient me voir quelquefois. En vous entendant venir, elle s'est glissée derrière le paravent.

TIZLÉ.

Une jolie.... Ah! rusé fripon! Joseph! Sournois que vous êtes!.... Mais peste!.... elle a entendu tout ce que j'ai dit sur ma femme.

J. SURFACE.

Ne craignez rien. Sur ma parole, cela n'ira jamais plus loin qu'elle.

TIZLÉ.

Vrai?

J. SURFACE.

Croyez, croyez.

TIZLÉ.

Eh! bien, eh! bien, si cela ne va pas plus loin.... Mais, où me cacherai-je?

[1] Il y a dans l'original un jupon.

J. SURFACE.

La! là! dans le cabinet; vous entendrez tout.

MILADY TIZLÉ (regardant à travers).

Puis-je m'échapper?

J. SURFACE.

Chut! chut! ne bougez pas.

LE BARONNET (entr'ouvrant la porte).

Tancez-le vertement.

J. SURFACE.

Rentrez, rentrez, mon cher baronnet?

MILADY TIZLÉ.

Ne pouvez-vous pas fermer son cabinet.

J. SURFACE.

Taisez-vous; vous allez vous découvrir.

LE BARONNET (revenant).

Joseph, ne l'épargnez pas.

J. SURFACE.

Au nom du ciel!... Jolie situation... entre l'homme et la femme!

LE BARONNET (montrant la tête).

Vous êtes sûr que la petite marchande de modes ne jasera pas?

SCÈNE VIII.

CHARLES SURFACE, MILADY ET TIZLÉ (*cachés*).

CHARLES.

Comment donc, mon frère, votre domestique vous célait! Avez-vous quelque usurier, ou une grisette?

J. SURFACE.

Ni l'un ni l'autre, mon frère.

CHARLES.

Mais, où est le baronnet? Je croyais le trouver avec vous.

J. SURFACE.

Il vous a entendu venir, et il est sorti.

CHARLES.

Le vieux tuteur a-t-il craint que je ne lui empruntasse de l'argent ?

J. SURFACE.

Je suis fâché d'apprendre que vous ayez donné à ce digne homme un sujet de tourment.

CHARLES.

On m'a dit que j'en avais donné à plus d'un digne homme. Mais que voulez-vous dire, mon frère ?

J. SURFACE.

Serait-il vrai que vous ayez voulu lui ravir la tendresse de sa femme ?

CHARLES.

Qui? moi! Sur ma parole, il m'accuse très-injustement... Quoi, le chevalier-baronnet vient-il de découvrir qu'il a épousé une jeune femme? ou ce qui est pis, la dame a-t-elle trouvé qu'elle a pris un vieux mari ?

J. SURFACE.

De grâce, mon frère.

CHARLES.

Parbleu ! c'est vrai, j'eus une fois le soupçon que milady avait du goût pour moi. Ce fut, je vous jure, sans l'encourager le moins du monde. Vous savez que mon penchant est pour Maria.

J. SURFACE (à part.)

Voilà qui va rendre le baronnet extrêmement heureux. (*haut*) Si elle vous eût aimé, vous n'auriez pas été assez vil...

CHARLES.

Croyez-vous, Joseph ? je ne ferai jamais, j'espère, une mauvaise action de propos délibéré. Mais si une jolie femme se jetait d'elle-même sur mon chemin, et qu'il se fît qu'elle fût mariée à un homme assez vieux pour être son père...

J. SURFACE.

Alors?

CHARLES.

Alors, je crois, j'aurais besoin de vous emprunter... un peu de votre morale, mon frère.

J. SURFACE.

Eh! fi, mon frère, l'homme qui peut se jouer...

CHARLES.

Ah! très-vrai.... comme vous alliez l'observer... Mais, savez-vous bien que je suis étonné que vous me soupçonniez avec milady? je croyais que vous étiez toujours le favori.

J. SURFACE.

Moi?

CHARLES.

Mais, oui; je vous ai vu échanger avec elle des œillades si claires.

J. SURFACE.

Bah!

CHARLES.

Oh! j'ai vu. Vous souvient-il, quand je vins ici, je vous surpris à....

J. SURFACE.

Il faut que j'arrête... (*il lui ferme la bouche.*) Le baronnet vient d'entendre tout ce que vous avez dit.

CHARLES.

Le baronnet! Où est-il? Quoi, dans ce cabinet?.... De par Dieu! il en sortira.

J. SURFACE.

Non, non (*l'arrêtant.*)

CHARLES.

Baronnet, paraissez devant la cour.

(Tizlé est traîné par Charles.)

Comment! mon vieux tuteur, vous informiez en secret contre moi.

TIZLÉ.

Donnez-moi cette main... J'avoue, mon cher enfant, que je vous ai soupçonné injustement. Mais n'en soyez pas fâché contre Joseph. Le complot est de moi, et je songerai à vous aussi long-temps que je vivrai, après ce que j'ai entendu.

CHARLES.

C'est donc heureux que vous n'en ayez pas entendu davantage.

TIZLÉ.

Quoi, vous auriez récriminé contre Joseph!...... eussiez-vous ?...

CHARLES.

Vous pouviez, ce me semble, le soupçonner aussi bien que moi. N'est-il pas vrai, Joseph ?

UN DOMESTIQUE entre.

(*Parlant à l'oreille*). Milady Snirwell, monsieur, vient de monter; elle insiste...

J. SURFACE.

Messieurs, excusez. Je vous conduirai jusqu'au bas de l'escalier.

CHARLES.

Non, non; recevez-là dans une autre pièce. Je n'ai pas vu le baronnet depuis long-temps, et j'ai besoin de lui parler.

J. SURFACE.

Je vais renvoyer la personne, et je reviens sur-le-champ. Monsieur, au moins, pas un mot de la jolie marchande...

TIZLÉ.

Ah! Charles, quel dommage que vous ne soyez pas plus uni avec votre frère! nous pourrions alors avoir quelque espoir de réforme. C'est un jeune homme avec de tels sentimens! Ah! rien n'est dans ce monde si noble qu'un homme à sentimens.

CHARLES.

Oh! il est trop moral de moitié, si délicat sur sa réputation, qu'il n'a jamais voulu prendre à son service une jolie petite grisette.

TIZLÉ.

Vous exagerez! bien que Joseph ne soit pas un libertin, il n'est pas un ange non plus...

CHARLES.

Oh! un parfait Anachorète, pour la pureté.

TIZLÉ.

Chut, chut.

CHARLES.

Vous n'avez pas envie de lui dire?

TIZLÉ.

Non, non; mais j'ai envie de vous dire à vous... (*il hésite*) Ecoutez, Charles, voulez-vous vous amuser aux dépens de Joseph?

CHARLES.

Par dessus tout, je le voudrais.

TIZLÉ (à part).

Par Dieu, je le dirai...... Je serai quitte à Joseph pour m'avoir décélé dans le cabinet. (*haut*) Ecoutez: Joseph avait une petite grisette chez lui quand je suis entré.

CHARLES.

Qui, Joseph? Impossible!

TIZLÉ.

Oui, une jolie... (*Il le mène jusque sur l'avant-scène*). Le beau du jeu c'est qu'elle est dans ce salon.

CHARLES.

Diable? Y est-elle? Où?

TIZLÉ.

Derrière le paravent.

CHARLES.

Je vais la faire sortir de sa cachette.

TIZLÉ.

Non, non, non, non.

CHARLES.

Si.

TIZLÉ.

Non.

CHARLES.

Absolument, je le veux; nous rirons. (*Ils courent vers le parrvent qui tombe au moment où Joseph entre*).

CHARLES.

Lady Tizlé ! O surprise !

TIZLÉ.

Lady Tizlé ! Quelle horreur !

CHARLES.

Baronnet ! la plus jolie petite marchande de modes que j'aie encore vue. Mais qu'est-ce ? jouez-vous à cache cache ? Pour moi, j'ignore qui est ou n'est pas dans le secret... Madame, voulez-vous bien expliquer ?... Pas un mot. Mon frère, voulez-vous éclaircir ?... Quoi ! la sagesse aussi est muette ! mais, sans parler, je suppose que vous vous entendez à merveille. Si bien donc, je vous quitte, mon frère; je suis fâché que vous ayez donné à ce digne homme un aussi grand sujet de tourment. Baronnet, il n'y a rien dans le monde de si noble qu'un homme à sentimens. Ha, ha, ha. (*Il sort*).

SCÈNE IX.

J. SURFACE, MILADY, TIZLÉ.

J. SURFACE.

Monsieur, quoique les apparences soient contre moi, si... si vous voulez me le permettre... Je vais expliquer à votre satisfaction...

TIZLÉ.

Comme vous voudrez, Monsieur,

J. SURFACE.

Milady Tizlé ayant appris ma... ma prétention... sur votre

pupille... et... connaissant la jalousie qui vous est naturelle... elle vint me trouver pour qu'elle... moi... j'explicasse cette prétention... et... vous entendant venir... comme je vous l'ai dit, craignant la jalousie à laquelle vous êtes enclin, elle... Milady se cacha derrière le paravent. Voilà toute l'affaire...

TIZLÉ.

Très-clairement racontée, vraiment, et j'ose dire que Milady jurera que c'est la vérité.

MILADY, avec force.

Je ne voudrais pas garantir un seul mot, Monsieur.

TIZLÉ.

Mais que diable, croyez-vous indigne de vous d'être d'accord tous deux sur un mensonge?

MILADY, avec plus de force encore.

Rien n'est vrai dans tout ce que Monsieur a dit.

J. SURFACE, bas.

Madame, vous ne voulez pas me perdre?

MILADY.

Retirez-vous, hypocrite, je parlerai pour moi.

TIZLÉ.

Oui, oui, laissez-la parler; elle s'exprimera mieux que vous.

MILADY.

Je ne vins point ici pour recevoir des confidences; j'ignorais même jusqu'à sa prétention sur votre pupile. Séduite par son art insidieux, j'ai écouté ses déclarations sans sacrifier encore son honneur et le mien. Baronnet, je ne peux plus espérer d'être crue, mais votre tendresse pour moi, quand vous ne saviez pas que je vous écoutais, a pénétré si avant dans mon cœur, que si j'eusse échappé à la honte d'être découverte, ma vie à venir vous eût convaincu du plus sincère repentir. Quant à l'hypocrite, au langage emmiellé, qui eût séduit la femme d'un trop crédule ami, en prétextant une honorable passion pour sa pupille; la raison qui m'éclaire me le montre si méprisable, que je cesse de m'estimer pour un seul commencement d'erreur... (*Elle sort.*)

J. SURFACE.

Monsieur, malgré son discours... le ciel m'est témoin.

TIZLÉ.

Que vous êtes un fourbe achevé.

J. SURFACE.

Non, Monsieur, vous ne me quitterez pas... l'homme qui ferme l'oreille à la conviction.

TIZLÉ.

Peste de vos beaux sentimens... Peste de vos beaux sentimens! (*Il sort suivi par Joseph*).

FIN DU QUATRIÈME ACTE.

ACTE V.

SCÈNE PREMIÈRE.

Appartement de J. Surface.

(*Il entre avec un domestique*).

J. SURFACE, troublé et furieux.

M. Stanley! vous avez cru que je pouvais voir M. Stanley?

LE DOMESTIQUE.

On l'avait laissé entrer avant que j'eusse appris...

J. SURFACE.

Butor! je suis si troublé de mes propres infortunes! mais qu'on laisse monter. (*Le domestique sort*). Ruse! politique! profondeur que je croyais avoir atteinte!... ma réputation perdue avec le baronnet, mes espérances avec sa pupille évanouies!... Jolie situation pour écouter de pauvres parens! Je ne pourrai pas prêter la moindre attention à ce qu'il me dira. Il vient. Retirons-nous pour essayer, du moins, de mettre un peu de bienfaisance sur mon visage.

SCÈNE II.

SIR OLIVIER (*sous les traits de Stanley*) ET ROWLEY.

SIR OLIVIER.

Quoi! il nous évite! c'était lui, n'est-ce pas?

ROWLEY.

Oui, Monsieur; il a les nerfs trop sensibles pour supporter la vue de pauvres parens.

SIR OLIVIER.

Peste soit des nerfs des gens de ce pays!... Voilà pourtant l'homme que le baronnet élève au Ciel pour sa vertu!

ROWLEY.

Il a autant de bienfaisance qu'homme de ce pays, en spéculation; mais il n'est pas assez sensuel pour se livrer à la pratique. Présentez-vous seul, je reviendrai pour révéler votre nom véritable.

SIR OLIVIER.

Le voici. Je n'aime pas cet air content de lui.

SCÈNE III.

J. SURFACE, SIR OLIVIER.

J. SURFACE.

Monsieur, je vous demande pardon de ne vous retenir qu'un moment; M. Stanley, j'imagine?

SIR OLIVIER.

Oui, Monsieur.

J. SURFACE.

Je vous en prie, Monsieur, asseyez-vous. M. Stanley.... je vous en prie.

SIR OLIVIER.

Oh! mon cher Monsieur, c'est... (*à part*) trop cérémonieux de moitié.

J. SURFACE.

Quoique je n'aie pas le plaisir de vous connaître, je suis ravi de vous voir cet air de santé. Je crois, Monsieur Stanley, que vous étiez cousin de ma mère.

SIR OLIVIER.

Oui, Monsieur, et de si près que la pauvreté où je suis tombé pourrait faire tort à ses riches enfans... Autrement, je n'eusse osé jamais venir.

J. SURFACE.

C'est un droit, dans la détresse, de réclamer la parenté. Que ne suis-je riche! je vous offrirais un petit secours.

SIR OLIVIER.

Si votre oncle Olivier était ici, j'aurais un ami.

J. SURFACE.

Je le voudrais, Monsieur; vous n'auriez pas besoin d'avocat près de lui.

SIR OLIVIER.

Ce serait assez de mon infortune. Mais je pensais que sa bonté vous avait mis à portée d'être l'agent de ses charités.

J. SURFACE.

Ah! Monsieur, que vous vous trompez! L'avarice, l'avarice est le vice du siècle. On a dit, il est vrai, qu'il avait été très-bon envers moi, et je n'ai jamais démenti ce bruit.

SIR OLIVIER.

Ne vous a-t-il jamais envoyé de ce bel argent des Indes, des roupies, des pagodes?

J. SURFACE.

Oh! cher Monsieur, rien de tout cela. A la vérité, j'ai reçu quelques petits présens, comme indiennes, cachemires.

SIR OLIVIER (à part.)

Comme il est reconnaissant pour l'envoi de vingt mille guinées!...

J. SURFACE,

Eh! puis, mon frère, M. Stanley? on ne croirait pas ce que j'ai fait pour ce malheureux jeune homme.

SIR OLIVIER (à part).

Oh! je serais du nombre.

J. SURFACE.

Les sommes que je lui ai prêtées?... Ah! c'était une foiblesse. J'avoue que je ne peux la justifier à présent que cela m'empêche de vous obliger, Monsieur Stanley, comme le cœur me le dit.

SIR OLIVIER (à part.)

L'homme faux! (*Haut*) Donc vous ne pouvez m'assister.

J. SURFACE.

Je suis très-malheureux de vous dire que ce n'est pas en ma puissance maintenant; mais vous pouvez compter que vous entendrez parler de moi, quand il me sera possible de vous rendre quelque service.

SIR OLIVIER.

Ah! vous êtes trop bon.

J. SURFACE.

Du tout. Plaindre sans le pouvoir d'assister est encore plus douloureux que d'implorer et d'être refusé. M. Stanley, vous m'avez profondément affecté. Monsieur, votre très-dévoué, je vous souhaite une bonne santé; du courage.

SIR OLIVIER (avec ironie.)

Votre très-reconnaissant... (*avec une profonde révérence.*) et très-humble serviteur.

J. SURFACE.

Très-touché, Monsieur, de votre infortune. Là, ouvrez la porte... M. Stanley, *votre très-dévoué.*

SIR OLIVIER.

Votre très-obligé serviteur. (*A part.*) Charles! vous êtes mon héritier.

J. SURFACE, seul.

Un des inconvéniens de la bonté est d'être exposé aux demandes des nécessiteux.

SCÈNE IV.

ROWLEY, J. SURFACE.

ROWLEY.

M. Surface, je viens de la part de votre oncle qui vient d'arriver.

J. SURFACE.

Comment, sir Olivier! Hola! Monsieur, rappelez Stanley.

ROWLEY.

C'est trop tard, Monsieur; je l'ai rencontré sortant de chez vous.

J. SURFACE.

Vit-on jamais rien de si malheureux! mon oncle, j'espère, s'est toujours bien porté?

ROWLEY.

A merveille, Monsieur! il m'a chargé de vous dire qu'il sera chez vous dans une demi-heure.

J. SURFACE.

Allez, allez vite; mes sentimens d'amour, de respect. Assurez que je suis impatient de le voir.

ROWLEY.

Soyez sûr, Monsieur...

J. SURFACE.

Je vous en conjure. (*A part.*) Oh! c'est bien le tour le plus maudit de la fortune!

SCENE V.

Maison du Baronnet.

UNE SUIVANTE ET MISTRISS CANDOR.

LA SUIVANTE.

Oui, Madame, Milady Tizlé ne verra personne.

MISTRISS CANDOR.

Lui avez-vous dit que c'était son amie Mistriss Candor?

LA SUIVANTE.

Elle vous prie de l'excuser.

MISTRISS CANDOR.

Retournez, car je suis sûre qu'elle doit être affligée. Comme c'est provoquant d'attendre!... Je ne sais pas la moitié des détails... Je lirai toute l'affaire, et les noms des personnages dans les journaux, avant d'avoir pu conter l'histoire à une douzaine de sociétés.

SCÈNE VI.

BACKBITE, MISTRISS CANDOR.

MISTRISS CANDOR.

Ah! Backbite, charmée que vous soyez venu! Savez-vous l'affaire? de ma vie je ne fus si surprise. Oh! c'est un chagrin...

BACKBITE.

Pour moi, je ne plains pas le baronnet; il fut toujours si aveugle pour Surface.

MISTRISS CANDOR.

M. Surface! bah, c'était Charles?

BACKBITE.

Non, Madame; M. Surface était le galant.

MISTRISS CANDOR.

Non. Charles était l'amant, et Surface est cause de la découverte.

BACKBITE.

Ma chère dame, vous n'y êtes pas. Je tiens la chose de...

MISTRISS CANDOR.

Oui? et moi d'une personne qui la tient de quelqu'un qui sait....

BACKBITE.

Et moi de quelqu'un, vous dis-je...

SCÈNE VII.

MILADY SNIRWELL, LES PRÉCÉDENS.

MILADY SNIRWELL.

Oh! chère mistriss Candor, voilà d'affligeantes nouvelles pour notre amie!

MISTRISS CANDOR.

Oh! oui. Pauvre femme! vous m'en voyez désolée.

MILADY SNIRWELL.

Et moi? quoique j'avoue qu'elle fût un peu vive pour ma société.

MISTRISS CANDOR.

Mais savez-vous tous les détails?

MILADY SNIRWELL.

Qui eût jamais soupçonné M. Surface?

MISTRISS CANDOR.

Charles, voulez-vous dire?

MILADY SNIRWELL.

Non, M. Surface?

MISTRISS CANDOR.

Oh! c'était Charles.

MILADY SNIRWELL.

Charles!

MISTRISS CANDOR.

Charles.

BACKBITE.

Je ne veux pas disputer avec vous. Quoi qu'il en soit, j'espère que la blessure du baronnet ne sera pas mortelle.

MISTRISS CANDOR.

Quoi, se sont-ils battus? Je n'en ai pas encore oui dire le plus petit mot.

BACKBITE.

Non?

MISTRISS CANDOR.

Non.

MILADY SNIRWELL.

Ni moi. Allons, Backbite, dites nous...

BACKBITE

Vous ne savez pas la moitié... le baronnet... vous le savez, soupçonnait depuis long-temps les visites de Milady chez M. Surface.

MISTRISS CANDOR.

Chez Charles, voulez-vous dire?

BACKBITE.

Non, Surface. Etant allé lui-même, là, et trouvant Milady: «Monsieur, dit-il, vous êtes le drôle le plus ingrat..... Tout vieux, que je suis, je vous demande raison.» Ils se mirent en garde, et le baronnet reçut un grand coup d'épée au côté droit.

SCÈNE VIII.

CRAB, LES PRÉCÉDENS.

CRAB.

De pistolet, de pistolet, mon neveu.

MISTRISS CANDOR.

Oh! M. Crab! nous saurons tout.

BACKBITE.

Non, non, mon oncle.

CRAB.

Morbleu! mon neveu, c'était un pistolet. Ne permetrez-vous pas qu'on sache quelque chose, si ce n'est vous. Charles...

MISTRISS CANDOR.

Oui, je savais que c'était Charles.

BACKBITE.

M. Surface, mon oncle.

CRAB.

Maugrebleu! je répète que c'était Charles. Personne ne peut-il parler que vous? Je vous dirai comment l'affaire s'est passée.

LADY SNIRWELL et MISTRISS CANDOR (à la fois).

Oui, oui, parlez, parlez, parlez, nous vous en prions.

CRAB.

Il faut savoir, mesdames, que le baronnet revint tard de la campagne. Des pistolets étaient sur un secrétaire. Le baronnet ayant accusé Charles...

BACKBITE.

Dites-donc Surface.

CRAB.

Souffrez-vous que je parle un moment? ils convinrent de prendre chacun un pistolet. Ils tirèrent au même instant; la balle de Charles porta, et alla se loger dans le *thorax*. Le baronnet manqua son adversaire, mais ce qui est vraiment extraordinaire, la balle sortit par la fenêtre, et alla droit blesser le facteur de la petite poste, au moment qu'il frappait à la porte du baronnet.

BACKBITE.

Je dois avouer, Mesdames, que le récit de mon oncle est plus circonstancié, mais je prétends que le mien est le seul qui soit vrai.

MILADY SNIRWELL (à part).

Il faut absolument que je sois mieux informée. (*Elle sort*).

CRAB.

On devine aisément les craintes de milady Snirwell.

MISTRISS CANDOR.

Mais où est le baronnet?

CRAB.

On l'a porté chez lui; j'ai trouvé le médecin en entrant.

BACKBITE.

Le voilà qui vient.

CRAB.

Oui, oui, c'est le docteur.

MISTRISS CANDOR.

C'est certainement le médecin; nous allons savoir...

SCENE IX.

SIR OLIVIER, LES PRÉCÉDENS.

MISTRISS CANDOR.

Cher docteur, comment est le malade?

CRAB.

La blessure?

BACKBITE.

N'est pas mortelle, j'espère. Est-ce un coup d'épée, une balle?

CRAB.

Répondez.

BACKBITE.

Cher docteur, parlez.

SIR OLIVIER.

Eh ! eh ! messieurs, êtes-vous fous ? Un coup d'épée, une balle !

BACKBITE.

Vous n'êtes peut-être pas médecin.

SIR OLIVIER.

Si je le suis, je dois vous remercier pour mes degrés.

CRAB.

L'ami seulement, je suppose.

SIR OLIVIER.

Rien de plus, monsieur.

BACKBITE.

En cette qualité, j'imagine, vous allez nous dire si sa blessure...

SIR OLIVIER.

Sa blessure ?...

MISTRISS CANDOR.

Quoi ! vous ne savez pas qu'il est blessé ? le plus fâcheux accident.

SIR OLIVIER.

Vous êtes d'accord tous deux qu'il est blessé dangereusement.

TOUS.

Oui, oui.

SIR OLIVIER.

J'oserai dire alors que le baronnet est l'homme le plus imprudent qui soit au monde ; car il vient à nous, marchant comme s'il ne lui était rien arrivé.

SCÈNE X.

LE BARONNET, LES PRÉCÉDENS.

SIR OLIVIER.

Mon cher ami, il faut que vous soyez fou de marcher dans cet état, vous devriez aller vous coucher, vous qui avez reçu un coup d'épée et une balle.

TIZLÉ.

Un coup d'épée, une balle...

BACKBITE.

Au flanc droit.

CRAB.

Dans le thorax.

SIR OLIVIER.

Oui, cette dame, ces Messieurs, vous ont tué et m'ont fait votre médecin pour avoir un complice.

TIZLÉ.

Qu'est-ce que tout cela?

BACKBITE.

Nous sommes ravis que l'histoire du duel ne soit pas vraie.

CRAB.

Et très-fâchés de vos autres infortunes.

TIZLÉ.

Là, là, toute la ville sait déjà...

MISTRISS CANDOR.

Le baronnet est si bon mari! je le plains sincèrement.

TIZLÉ.

Peste soit de votre pitié!

CRAB.

Vous aviez été garçon si long-temps! certainement, ce fut un tort de vous marier.

TIZLÉ.

Monsieur, je vous prie de considérer que c'est ici ma maison.

BACKBITE.

D'ailleurs, n'allez pas vous offenser des plaisanteries qu'on fera sur vous.

GRAB.

D'abord, le cas n'est pas rare... et d'un...

TIZLÉ.

Je prétends d'être maître ici.

MISTRISS CANDOR.

Eh! bien, Eh! bien, nous sortons. Vous pouvez compter que nous tirerons tout le parti possible de l'histoire.

BACKBITE.

Et nous dirons avec quelle injustice vous avez été traité.

GRAB.

Et avec quelle patience vous supportez...

TIZLÉ.

Sortez, vous dis-je, démons, furies; il n'y a pas moyen de souffrir...

SCENE XI.

ROWLEY, LES ACTEURS PRÉCÉDENS.

SIR OLIVIER.

Eh! bien baronnet, j'ai vu mes neveux.

ROWLEY (ironiquement.)

Sir Olivier est convaincu que votre jugement est des plus justes...

SIR OLIVIER.

Oui, Surface est l'homme...

ROWLEY.

De si beaux sentimens!..

SIR OLIVIER.

Il agit d'après les vertus qu'il professe.

ROWLEY.

Oh! il est édifiant de l'entendre.

SIR OLIVIER.

C'est un modèle pour les jeunes gens de son âge. Baronnet, ne vous joignez-vous pas à l'éloge?

TIZLÉ.

Sir Olivier, c'est un siècle maudit. Moins on loue, mieux c'est. Je vois que vous savez toute l'affaire.

SIR OLIVIER.

Oh! les moindres détails.

TIZLÉ.

Quoi! le cabinet, le paravent?

SIR OLIVIER.

Et la petite marchande aussi. Je ne ris jamais tant de la vie, c'était là l'homme à sentimens? Vous avez dû faire une drôle de figure, quand Charles vous traînait du cabinet.

TIZLÉ.

Oui, oui, c'était très-divertissant.

SIR OLIVIER.

Par Dieu! baronnet, j'aurais aimé à vous voir face à face, quand le paravent est tombé! Allons, mon vieux ami, ne soyez pas fâché de me voir rire. Ah! ah! ah!

TIZLÉ.

Oh! riez, riez. Je ne suis pas vexé du tout. Le jouet de tout ce qui vous connaît! c'est le plus heureux état qu'on puisse imaginer.

ROWLEY.

Voyez, Monsieur, voyez milady qui s'avance... en pleurs.. Ne vous reconcilierez-vous pas avec elle?

SIR OLIVIER.

Je laisse Rowley comme médiateur entre elle et vous. Suivez-moi dans un moment chez Surface. J'y vais, pour démasquer l'hypocrite.

SCÈNE XII.

TIZLÉ, ROWLEY.

TIZLÉ (*regardant derrière lui.*)

Rowley, ne vient-elle pas de notre côté?

ROWLEY.

Non, mais elle a laissé la porte du salon ouverte. Elle attend sans doute que vous passiez...

TIZLÉ.

Ne pensez-vous pas que je ferais mieux de la laisser à sa douleur encore quelque temps?

ROWLEY.

Oh, Monsieur, c'est être trop sévère.

TIZLÉ.

Je ne le crois pas; la lettre de Charles, que j'ai trouvée, était évidemment pour elle.

ROWLEY.

Milady Snirwell et Guep l'ont écrite.

TIZLÉ.

Ah! si j'en étais convaincu!... Voyez, M. Rowley, elle regarde par ici... Quelle élégance dans ce tour de tête!... J'ai envie de faire le premier pas.

ROWLEY.

Oui, oui.

TIZLÉ.

Mais quand on saura que nous sommes reconciliés, on rira plus que jamais.

ROWLEY.

Rétorquez leur malice, et montrez que vous savez être heureux en dépit des médisans.

TIZLÉ.

Ma foi, je suivrai ce conseil, Rowley! Milady et moi, nous

pouvons être encore le plus heureux couple de l'Angleterre. (*Ils sortent.*)

SCENE XIII.

La bibliothèque de J. Surface.

J. SURFACE et MILADY SNIRWELL.

MILADY SNIRVELL.

Impossible !

J. SURFACE.

La colère peut-elle réparer...

MILADY SNIRWELL.

Non, ni la ruse non plus... O que je fus sotte de me liguer avec un...

J. SURFACE.

C'est moi qui souffre le plus, et vous voyez avec quel calme...

MILADY SNIRWELL.

C'est que le cœur chez vous n'est jamais atteint; l'intérêt seul est compromis. Si vous éprouviez pour Maria, ce que je sens, moi, pour Charles dans l'infortune, rien ne vous détournerait de la vengeance.

J. SURFACE.

Voulez-vous pour votre espoir trompé ?...

MILADY SNIRWELL.

N'était-ce pas assez de supplanter votre frère ? Fallait-il encore tenter de séduire la femme du baronnet! je déteste une telle avidité dans le crime.

J. SURFACE.

Je mérite le blâme (*ironiquement*), j'ai dévié du chemin de l'iniquité. Cependant je ne peux croire la situation aussi désespérée...

MILADY SNIRWELL.

Non!

J. SURFACE.

Vous m'avez dit que Guep jurerait, s'il le faut, qu'il y a eu une promesse de mariage entre mon frère et vous.

MILADY SNIRWELL.

Pendant sa détresse. Que je fus sotte alors de ne pas l'épouse !

J. SURFACE.

Les lettres que nous fîmes circuler appuyeront le témoignage de Guep. Mais j'attends mon oncle à tout moment ; il faut que je vous prie de vous retirer dans la pièce voisine.

MILADY SNIRWELL.

Mais s'il vient à me découvrir ?

J. SURFACE.

Ne craignez pas... Le baronnet, pour son intérêt, n'aura rien dit, et je saurai trouver bientôt le côté faible de mon oncle.

MILADY SNIRWELL.

Oh ! je ne doute pas de votre habileté ; mais n'entreprenez jamais qu'une fourberie à la fois. (*Elle sort.*)

J. SURFACE.

Il est dur d'être battu jusqu'à terre, par une complice en noirceur... (*on frappe*) Qui m'arrive donc ? Oh ! le vieux Stanley encore ! Comment est-il entré ? Il ne peut rester.

SCÈNE XIV.

SIR OLIVIER, J. SURFACE.

J. SURFACE.

Je vous ai déjà dit, M. Stanley, qu'il n'était pas en ma puissance de vous secourir.

SIR OLIVIER.

Mais je viens d'apprendre, Monsieur, que sir Olivier est arrivé, et il pourrait...

J. SURFACE.

Vous ne pouvez rester à présent; mais, dans tout autre temps, revenez.

SIR OLIVIER.

Ah ! Monsieur, il faut que sir Olivier et moi...

J. SURFACE.

Je dois insister pour que vous sortiez. Vraiment, Monsieur, vous ne pouvez...

SIR OLIVIER.

Positivement, il faut que je voie sir Olivier.

J. SURFACE.

Positivement donc, vous ne le verrez pas. (*Il le pousse.*)

SCÈNE XV.

CHARLES, J. SURFACE, SIR OLIVIER.

CHARLES.

Et de quoi s'agit-il? Qui diable avons-nous ici ? Premium ! Ah ! il ne faut pas maltraiter mon petit courtier. Mais, écoutez, mon frère, empruntez-vous de l'argent aussi?

J. SURFACE.

Emprunter! non, mon frère; j'attends mon oncle, et M. Stanley s'obstine à le voir.

CHARLES.

Stanley! bah! son nom est Premium.

J. SURFACE.

Non, non, je vous dis que son nom est Stanley.

CHARLES.

Je vous dis encore qu'il s'appelle Premium.

J. SURFACE.

Qu'importe le nom?

CHARLES.

Comme vous dites, car je suppose qu'il en a cent; mais

notre oncle ne doit pas surprendre ici, non plus, mon petit courtier.

J. SURFACE.

M. Stanley, je vous prie...

CHARLES.

Je vous conjure, M. Premium.

J. SURFACE.

Il faut vous en aller, M. Stanley.

CHARLES.

Oui, M. Premium. (*Ils le poussent tous les deux vers la porte*).

SCÈNE XVI.

LE BARONNET, LADY TIZLÉ, MARIA, ROWLEY, J. SURFACE ET CHARLES.

TIZLÉ.

Eh! quoi, mon vieux ami, Sir Olivier! Qu'est-ce donc? Je ne reviens pas d'étonnement. Fut-il jamais deux plus mauvais garnemens? Insulter ainsi leur oncle, à sa première visite!

J. SURFACE.

Charles!

CHARLES.

Joseph!

J. SURFACE.

Notre ruine est complette.

CHARLES.

Très-complette.

SIR OLIVIER.

Mes amis, regardez l'aîné de mes neveux. Vous savez ce que je fis pour lui..... avec quel cœur..... la moitié de ma fortune, encore dans mes mains, n'était qu'un dépôt qui lui fut destiné. Jugez donc de ma surprise, quand je l'ai trouvé sans bonne foi, sans bienfaisance, sans gratitude.

CHARLES (*à part*).

S'ils parlent ainsi à mon honnête homme de frère, que me diront-ils quand mon tour viendra ?

SIR OLIVIER.

Quant à ce libertin.

CHARLES.

M'y voilà. Oh ! les portraits de famille !...

J. SURFACE.

Sir Olivier, voulez-vous avoir la bonté d'entendre ?...

CHARLES (*à part*).

Si Joseph commence un de ses longs discours, j'ai le temps de me recueillir...

SIR OLIVIER.

Je suppose, Monsieur, que vous allez tenter de vous justifier.

J. SURFACE.

J'ai cette confiance, Monsieur.

SIR OLIVIER.

Vraiment ? (*Il s'en éloigne*). (*A Charles*). Je présume que vous n'êtes pas en peine de vous défendre ?

CHARLES.

Je ne sais trop, Monsieur.

SIR OLIVIER.

Quoi ! le petit Premium aurait-il été mis un peu trop dans le secret ?

CHARLES.

Oui, Monsieur, mais c'étaient des secrets de famille; ils ne doivent pas aller plus loin.

ROWLEY.

Allons, allons, Sir Olivier, vous ne pouvez pas voir les folies de Charles avec colère.

SIR OLIVIER.

Ni garder mon sérieux, non plus. Savez-vous, baronnet, que

le fripon m'a vendu tous ses ancêtres? J'ai acheté des juges, des généraux, à tant la pièce, de vieilles tantes restées filles... (*Pendant ce discours Charles rit derrière son chapeau*).

CHARLES.

Que j'en aie usé un peu librement avec la toile peinte de ma famille, c'est très-vrai. Mes ancêtres peuvent s'élever en jugement contre moi. Mais, croyez-moi, si je ne suis pas honteux à l'aveu de mes folies, c'est parce que j'éprouve, en vous voyant, la satisfaction la plus vraie, mon généreux bienfaiteur. (*Il l'embrasse*).

SIR OLIVIER.

Charles, je vous pardonne. Donnez-moi cette main. Le petit homme à mauvaise mine a obtenu grâce pour vous.

MILADY TIZLÉ.

Sir Olivier, voici quelqu'un avec qui Charles n'aimerait pas moins à se réconcilier.

SIR OLIVIER.

J'ai entendu parler de cet attachement, et avec la permission de mademoiselle... Mais si je ne me trompe, cette rougeur...

MARIA.

Je n'ai rien à dire, sinon que tous mes vœux sont pour son bonheur. Quant à l'empire que j'eus autrefois sur son cœur, je l'abandonne, avec plaisir, à celle qui a plus de droit...

TIZLÉ.

Eh! qu'est-ce donc? Pendant qu'il était un libertin, un dissipé, vous ne vouliez pas entendre parler d'un autre, et maintenant qu'il va se réformer, vous n'en voulez plus? Qu'est-ce que tout cela veut dire?

MARIA.

Son propre cœur, et milady Snirwell vous l'apprendront mieux.

CHARLES.

Milady Snirwell !

J. SURFACE.

Je suis bien fâché, mon frère, d'être obligé de parler, mais la justice, le.... ce n'est plus un secret.

SCÈNE XVII.

MILADY SNIRWELL, LES ACTEURS PRÉCÉDENS.

TIZLÉ.

Autre petite marchande! il en a une cachée à chaque coin de la maison.

MILADY SNIRWELL.

Charles! ingrat! vous n'êtes pas confondu de l'éclat honteux auquel votre perfidie ma forcée!

CHARLES.

Mon oncle, est-ce un nouveau piège? D'honneur, c'est la première fois que j'entends...

J. SURFACE.

Il ne faut qu'un témoin pour prouver...

TIZLÉ.

Et ce témoin, est M. Guep. C'est très-bien de l'avoi amené... Qu'il paraisse.

ROWLEY.

Il est malheureux, Madame, qu'il soit appelé pour vous être confronté.

SCÈNE XVIII.

MILALY SNIRWELL, GUEP, ET TOUS LES ACTEURS.

MILADY SNIRWELL.

Je suis d'un étonnement! Parlez, avez-vous aussi conspiré contre moi?

GUEP.

Je demande un million de pardons à votre seigneurie. Je dois avouer que vous m'avez payé libéralement pour mentir; mais par malheur, on m'a offert double pour dire la vérité.

MILADY SNIRWELL.

Misérable!

MILADY TIZLÉ.

Arrêtez, Madame, souffrez que je vous remercie de la peine que vous prîtes d'écrire des lettres en mon nom à Charles, et de faire les réponses. Dites à la société, dont vous êtes la présidente, que milady Tizlé renonce pour toujours à médire et à calomnier.

MILADY SNIRWELL.

Vous aussi, Madame, vous me provoquez! puisse votre mari vivre cinquante ans encore!

MILADY TIZLÉ.

Oh! Dieu! la malicieuse créature!

TIZLÉ.

Non pas pour son dernier souhait, j'espère.

MILADY TIZLÉ.

Oh! non, non.

TIZLÉ.

Et! bien, Monsieur, qu'avez vous à dire pour vous même?

J. SURFACE.

Je suis si confondu que milady Snirwell en ait imposé à nous tous en subornant un Guep!... Je ne sais que répondre... mais je crains que sa malice ne la porte à quelque outrage contre mon frère... et je prends le parti de la suivre. (*Il sort.*)

TIZLÉ.

Moral jusqu'à la fin.

SIR OLIVIER.

Épouse-là, Joseph, épouse-là si tu peux; vous ferez un couple merveilleux.

ROWLEY.

M. Guep, je crois que nous n'avons plus besoin de votre ministère; tout est réparé par le dernier aveu.

GUEP.

Je vous demande comme une faveur de n'en parler jamais.

TIZLÉ.

Serlez-vous honteux d'avoir fait une bonne action dans votre vie?

GUEP.

Je vous prie de considérer que je vis de ma méchanceté. Si on sait que je me sois démenti jusqu'à faire une seule action honnête, je perds jusqu'au dernier ami dans le monde. (*Il sort.*)

SIR OLIVIER.

Ne craignez rien; nous ne vous trahirons jamais en faisant votre éloge. Allons, je veux qu'on se marie demain, de grand matin.

TIZLÉ.

Quoi! avant d'avoir le consentement de Maria?

CHARLES.

Oh! je l'ai, je l'ai à la minute...

MARIA.

Comment, Charles? Je proteste, mon cher tuteur, qu'il n'y a pas un mot...

SIR OLIVIER (*joignant leurs mains.*)

Là... Puissiez-vous ne connaître jamais la langueur de l'amour, après le mariage.

TIZLÉ.

Et vivre aussi heureux que milady Tizlé... et moi j'ai l'intention... L'honnête Rowley nous l'avait bien dit, qu'il se réformerait !

CHARLES (montrant Maria.)

Voilà mon aimable guide; puis-je désormais abandonner le sentier de la vertu.

FIN DU CINQUIÈME ET DERNIER ACTE.

www.ingramcontent.com/pod-product-compliance
Lightning Source LLC
LaVergne TN
LVHW020346230826
846091LV00003B/1017

9782013653114